있어 보이는 척하기 좋은 톤의 문법

세계척학전집

WORLD KNOWLEDGE SERIES 03

있어 보이는 척하기 좋은 돈의 문법

세계 척학전집

훔친부편

이클립스 지음

모티브

한 사람에게 필요한 땅은 얼마나 되는가

러시아의 농부 파홈은 땅이 더 필요했다. 레프 톨스토이의 단편 「사람에게는 얼마만큼의 땅이 필요한가」의 주인공이다. 파홈은 가난한 농부였다. 조금만 더 넓은 땅이 있으면 악마도 두렵지 않겠다고 말할 만큼, 땅을 원했다. 기회가 왔다. 조금 샀다. 더 샀다. 이웃보다 넓은 땅을 가지게 됐다. 하지만 충분하지 않았다. 더 넓은 땅이 있다는 소문이 들렸다. 더 먼 곳으로 갔다. 더 샀다. 여전히 충분하지 않았다.

마침내 바시키르족이라는 유목민에게서 놀라운 제안을 받는다.

하루 동안 걸어서 돌아온 만큼의 땅을 1,000루블에 주겠다고. 해가 뜨면 출발하고, 해가 지기 전에 출발점으로 돌아오면 그 안의 땅이 전부 당신 것이다.

파홈의 가슴이 뛰었다. 새벽에 일어났다. 해가 떠오르자 걷기 시작했다. 넓게 돌수록 많이 갖는다. 욕심이 발을 재촉했다. 더 넓게. 더 멀리. 점심때가 되자 이미 엄청나게 멀리 와 있었다. 돌아가야 한다. 그런데 저기 좋은 땅이 보인다. 조금만 더. 조금만 더. 해가 기울었다. 파홈은 뛰었다. 숨이 찼다. 다리가 풀렸다. 해가 지평선에 닿고 있었다. 죽을 힘을 다해 뛰었다. 출발점이 보였다. 바시키르족이 소리를 질렀다. 파홈은 마지막 힘을 짜내 몸을 던졌다. 손이 출발점에 닿았다. 그리고 쓰러졌다. 입에서 피가 흘러나왔다. 죽었다. 하인이 삽을 들어 파홈을 묻었다. 머리에서 발끝까지 2미터. 한 사람에게 필요한 땅은 그만큼이었다. 이 이야기를 읽고 우리는 고개를 끄덕인다. 욕심은 끝이 없고, 결국 아무것도 가져가지 못한다. 알고 있다. 누구나 안다. 그런데 알면서도 뛴다.

새벽에 일어나 출근한다. 해가 떠오르면 일을 시작한다. 더 넓게, 더 멀리. 승진. 이직. 투자. 내 집 마련. 아이 교육. 노후 준비. 점심때가 되면 이미 엄청나게 멀리 와 있다. 돌아가야 하는데, 저기 더 좋은 것이 보인다. 조금만 더. 조금만 더. 오후가 기울어도 멈추지 못한다.

해가 지평선에 닿고 있는데도 뛴다. 숨이 차고, 다리가 풀리고, 가슴이 답답한데도 뛴다. 왜? 멈추면 뒤처지니까. 멈추면 잃으니까. 멈추면 안 되니까. 파홈의 이야기를 교훈 삼아 살라는 말을 하려는 게 아니다. 그런 교훈은 소용이 없다. 파홈도 알고 있었다. 충분하면 멈춰야 한다는 것을. 알면서도 뛰었다. 알면서도 멈추지 못했다. 우리도 마찬가지다. 문제는 의지가 아니다. 구조다. 우리가 멈추지 못하는 이유는 게으르거나 욕심이 많아서가 아니다. 돈이라는 게임의 규칙이 멈추지 못하게 설계되어 있기 때문이다.

돈이 무엇인지 생각해본 적 있는가? 매일 벌고, 매일 쓰고, 매일 걱정하는 그것. 왜 힘이 있는가? 왜 숫자 하나가 한 달의 삶을 지배하는가? 왜 같은 시간을 일해도 누군가는 부자가 되고 누군가는 가난한가? 왜 집값은 월급보다 빨리 오르는가? 왜 저축해도 따라잡을 수 없는가? 왜 아껴도 부족하고 써도 부족한가? 모든 언어에는 문법이 있다. 문법을 모르면 말은 할 수 있지만, 자기가 무슨 말을 하고 있는지 모른다. 설득당하고도 어디가 잘못된지 짚지 못한다. 돈에도 문법이 있다. 돈이 어떻게 만들어지고, 어떻게 흐르고, 어떻게 사람의 행동을 바꾸고, 어떻게 불평등을 만들고, 어떻게 자유를 주거나 빼앗는지. 이 문법을 아는 사람과 모르는 사람은, 같은 돈을 벌어도 완전히 다른 삶을 산다.

파홈은 거래의 조건은 알았다. 하루 동안 걸어서 돌아온 만큼이 자기 것이라는 규칙은 알았다. 하지만 그 규칙이 자기를 뛰게 만들고, 뛰다가 멈추지 못하게 만들고, 멈추지 못하다가 죽게 만드는 구조라는 것은 몰랐다. 파홈만의 이야기가 아니다. 규칙은 들었지만 구조는 보지 못한 채, 지금도 누군가는 뛰고 있다. 마르크스는 모든 것에 가격이 붙는 문법을 해부했다. 피케티는 게임이 처음부터 기울어져 있다는 문법을 데이터로 증명했다. 베버는 멈추지 못하게 만드는 400년 된 문법을 추적했다. 여기까지가 진단이다. 하지만 이 책은 진단에서 멈추지 않는다. 멍거는 상대방의 숨겨진 인센티브를 읽는 법을 가르쳤다. 탈레브는 운을 실력으로 착각하지 않는 법을 알려줬다. 틸은 경쟁이라는 함정에서 빠져나오는 법을 보여줬다. 케인스는 군중의 심리를 역이용하는 법을 드러냈다. 그리고 에피쿠로스는 2,300년 전에 물었다. 얼마면 충분한가?

이 사상가들이 발견한 문법을 한 자리에 모았다. 한 챕터에 한 명. 15분이면 읽힌다. 하지만 그 15분이 남기는 것은 영구적이다. 외국어도 문법을 모르면 소리만 들린다. 문법을 알면 의미가 들린다. 돈도 마찬가지다. 문법을 모르면 숫자만 보인다. 문법을 알면 숫자가 어디서 와서 어디로 흐르는지가 보인다. 더 중요한 것도 보인다. 그 숫자 앞에서 내가 어떻게 서 있어야 하는지가. 한번 보인 것은 다시 안 보이던 때로 돌아가지 않는다.

파홈은 돌아올 수 없었다. 하지만 당신은 아직 뛰고 있는 중이다. 해가 아직 하늘에 있다. 멈추라는 말이 아니다. 뛰면서 눈을 뜨라는 말이다. 첫 번째 문법이 기다리고 있다.

이 책은 유튜브 채널 '이클립스'를 운영하며 15만 구독자와 함께 "어떻게 하면 정말 필요한 지식을 재미있고 쉽게 전달할 수 있을까?"를 고민해온 저자가 철학을 현대의 언어로 재해석한 결과물이다.

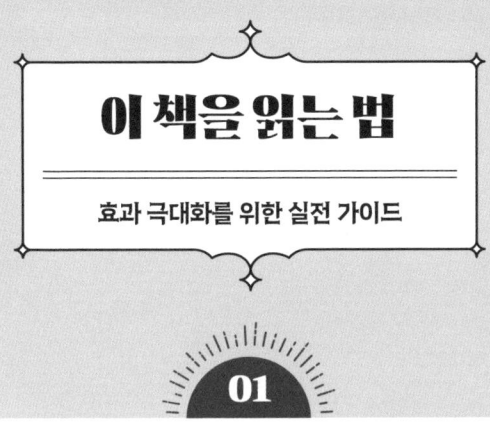

이 책을 읽는 법

효과 극대화를 위한 실전 가이드

01
당신의 읽기 스타일을 선택하라

이 책은 두 가지 방식으로 읽을 수 있다.

순차적 독서 추천

Part 1 → Part 2 → Part 3 → Part 4 → Part 5 순서로 읽어라. 이 책은 그렇게 설계되어 있다. 각 파트는 이전 파트의 토대 위에 선다. Part 4에서 질문이 뒤집힌다. "어떻게 더 벌지?"에서 "얼마면 충분한가?"로. 이 전환은 Part 1~3을 거친 사람에게만 진짜 무게가 실린다.

문제중심 독서

지금 당신을 괴롭히는 질문부터 시작해도 된다. 목차를 천천히 읽어라. "가격은 가치가 아니라 기대다." "당신의 돈은 매일 녹고 있다." "경쟁은 패자들의 게임이다." "행복은 소득이 아니라 욕망의 크기다." 어떤 문장에 눈이 멈추는가? 거기서 시작하라. 각 챕터는 독립적으로 완결된다. 마르크스를 건너뛰고 케인스로 들어가도 된다. 다만, 순서대로 읽었을 때 각 챕터 사이의 연결이 보인다.

한 사람에게 필요한 땅은 얼마나 되는가

긴 여정의 세 번째 책

이 책은 세계척학전집 시리즈의 세 번째 책이다.

철학이 "어떻게 생각할 것인가"를 가르쳤다. 심리학이 "인간은 실제로 어떻게 작동하는 가"를 밝혔다. 이제 세 번째 질문이다. "돈은 어떻게 작동하는가."

각 시리즈는 독립적이면서도 연결된다. 철학이 질문을 던지면, 심리학이 인간을 해독하 고, 이 책이 돈의 구조를 보여준다. 다음에는 사랑의 기술이, 그다음에는 게임이론이, 사 회학이 기다린다. 인간과 세상을 이해하는 모든 학문을 당신의 언어로 재구성하는 긴 여 정이다.돈이 세 번째인 이유는 명확하다. 생각하는 법을 배웠고, 자기 자신을 읽는 법을 배웠다. 하지만 매일 아침 당신을 일어나게 하고, 선택을 좌우하고, 때로는 잠을 잘 시간 까지 빼앗는 것이 돈이다. 돈의 문법을 모르면 돈에 끌려다닌다. 끌려다니는 사람은 철학 도, 심리학도 써먹을 여유가 없다. 생각하는 법과 인간을 읽는 법 위에, 돈을 읽는 눈을 올 려야 비로소 세 가지가 함께 작동한다. 세 번째 책을 펼쳤다면, 그 여정이 이미 시작된 것 이다.

15분 읽고, 한 달 관찰하라

한 챕터는 15분이면 읽힌다. 하지만 그 15분이 한 달의 시야를 바꾼다.

벤야민의 종교를 읽었다면, 한 달 동안 "내가 하루에 돈을 몇 번이나 생각하는지" 세어보라. 멍거의 인센티브를 읽었다면, 한 달 동안 "이 사람이 나에게 이 조언을 할 때 무엇을 얻는지" 관찰하라. 탈레브의 도박을 읽었다면, 한 달 동안 "성공한 사람의 조언에서 운의 몫이 얼마인지" 의심해보라.

돈의 문법은 축적이다. 오늘 하나, 내일 하나, 내 지식의 렌즈가 추가되면, 1년 후 당신은 같은 뉴스를, 같은 월급명세서를, 같은 부동산 기사를 완전히 다르게 읽고 있을 것이다.

"꽃의 이름을 부르는 동안, 향기는 사라졌다"

― 이클립스 ―

CONTENTS

┌ **PART 1** ┐

돈이라는 게임
돈은 실체가 아니라 규칙이다

PART 1

돈이라는 게임

돈은 실체가 아니라 규칙이다

하라리의
허구

돈은 자연물이 아니라 합의된 이야기다

01

Yuval Noah
Harari

돈이란 무엇인가? 유발 하라리는 답한다. '돈은 존재하지 않는다.'
그런데 이 존재하지 않는 것이 세상에서 가장 강력하게 작동한다.

287만 원의 정체

....

2024년 1월 25일, 금요일 저녁 9시 43분. 서울 어딘가, 원룸 책상 앞에 한 남자가 앉아 있다. 신발을 벗자마자 은행 앱을 열었다. 오늘이 월급날이다. 숫자가 뜬다. 287만 원. 그 남자의 고생한 한 달이 이 안에 들어 있다. 1월 2일, 새해 첫 출근. 지하철에서 한 시간. 회사에서 아홉 시간. 퇴근길 한 시간. 집에 돌아오면 밤 9시. 1월 8일, 팀장이 기획안을 엎었다. 밤 11시까지 남아서 다시 썼다. 야근수당은 없었다. 1월 15일, 감기에 걸렸지만 출근했다. 연차를 쓰면 눈치가 보이니까. 1월 22일, 회식이 있었다. 가고 싶지 않았지만 갔다. 2차까지 갔다. 택시비는 자비였다.

이것을 스무 번 반복했다. 그 모든 아침의 알람 소리, 만원 지하철의 땀 냄새, 형광등 아래서 보낸 시간, 참은 말, 삼킨 한숨, 포기한 저녁. 한 달치 삶이 287만이라는 숫자 하나에 담겼다. 월세 65만 원. 식비 40만 원. 교통비 10만 원. 통신비 7만 원. 보험료 12만 원. 대출이자 25만 원. 128만 원이 남는다. 커피를 마시고, 가끔 술을 마시고, 넷플릭스를 보면 저축할 돈은 30만 원 남짓이다. 그는 앱을 닫는다. 맥주를 딴다.

이 남자가 한 달을 바쳐서 받은 것은 무엇인가? 종이? 아니다, 종이를 받은 적도 없다. 금? 당연히 아니다. 그가 받은 건 숫자다. 화면 위에 숫자. 서버 어딘가에 저장된 전자 신호. 전기가 끊기면 사라지는 데이터. 이 남자만이 아니다. 당신도, 나도, 이 나라의 모든 사람이 매일 같은 일을 하고 있다. 삶의 삼분의 일을 바쳐서, 숫자를 받는다. 이 숫자가 대체 뭘까?

> **INSIGHT**
>
> 당신의 시간은 되돌릴 수 없다. 하지만 당신이 받은 숫자는 내일이면 가치가 달라질 수 있다. 되돌릴 수 없는 것과 변할 수 있는 것을 교환하고 있다. 이 거래의 조건을 정한 것은 당신이 아니다.

순환논법

·········

지갑을 열어보라. 만 원짜리가 있으면 꺼내라. 종이다. 특수 잉크로 인쇄된, 15.6 × 6.8 센티미터의 면섬유 종이. 세종대왕의 초상화. 홀로그램. 일련번호. 그게 전부다. 이 종이 한 장으로 당신은 점심을 먹고, 커피를 사고, 택시를 탄다. 집세를 내고, 세금을 내고, 보험료를 낸다. 종이 한 장이 밥이 되고, 옷이 되고, 지붕이 된다. 왜? "한국은행이 발행했으니까." 그러면 한국은행은 정확히 무엇을 보증하는가? 이 종이를 가져가면 금으로 바꿔주는가? 1971년 이후, 지구상 어떤 나라도 화폐를 금으로 바꿔주지 않는다. "정부를 믿으니까." 좋다. 그럼 정부는 왜 이 종이를 받는가? 세금으로 받으니까. 왜 세금으로 받는가? 국민들이 이 종이에 가치가 있다고 믿으니까. 왜 국민들은 가치가 있다고 믿는가? 정부가 이 종이를 받으니까.

논리가 빙글빙글 돈다. 순환논법이다. 결국 한 문장으로 수렴한다. 다른 사람들이 이 종이에 가치가 있다고 믿으니까. 다음 사람이 받아줄 거라고 믿으니까. 그것뿐이다. 내일 아침, 모든 사람이 동시에 "이건 그냥 종이야"라고 깨달으면? 만 원짜리는 휴지보다 못하게 된다. 휴지는 최소한 코는 풀 수 있다. 불가능한 일이라고?

> **INSIGHT**
>
> 돈의 근거를 끝까지 추적하면 "다른 사람도 믿으니까"밖에 남지 않는다. 당신의 저축, 연봉, 노후 설계가 전부 이 한 문장 위에 올라가 있다. 근거를 물어본 적 없는 것 위에 인생을 건다.

빵 한 덩이에 2,000억

....

1923년 독일, 뮌헨. 한 여자가 지폐를 가득 채운 여행가방을 끌고 식료품점으로 간다. 잠깐 가게 안에 들어간 사이 누군가 가방을 훔쳐갔다. 지폐는 길바닥에 쏟아져 있었다. 돈은 안 가져가고 가방만 가져간 것이다. 왜냐면 가방이 돈보다 가치가 있었기 때문이다. 1차 세계대전에서 패한 독일은 천문학적 배상금을 져야 했다. 갚을 돈이 없었다. 정부는 해결책을 찾았다. 인쇄기를 미친 듯이 돌렸다.

1922년 말, 빵 한 덩이가 약 160마르크였다. 1년 뒤인 1923년 11월, 같은 빵이 2,000억 마르크가 됐다. 12개월 만에 10억 배 이상 뛴 것이다. 실감이 안 될 것이다. 이렇게 생각하면 된다. 아침에 출근할 때 커피가 5,000원이었다. 점심에 나와보니 50,000원이다. 퇴근할 때 500,000원이다. 다음 날 아침 5,000,000원. 사람들은 월급을 받으면 점심시간에 뛰어나가 뭐라도 샀다. 오후가 되면 가격이 또 오르니까. 돈을 벽지 대신 바르는 게 벽지를 사는 것보다 쌌다. 아이들은 지폐 다발을 쌓아 블록 놀이를 했다. 문자 그대로 돈은 종이가 됐다.

2008년 짐바브웨. 100조 달러짜리 지폐가 발행됐다. 역사상 가장 큰 액면가였다. 100조 달러로 살 수 있는 것은? 계란 세 개였다. 2023년 레바논. 2019년까지 1달러에 1,500파운드였던 화폐가 4년 만에 1달러에 90,000파운드가 됐다. 60배 폭락. 중산층의 평생 저축이 한순간에 증발했다. 은행은 인출을 거부했다. 자기 돈을 찾으려고 총을 들고 은행에 들어간 시민이 여럿이었다. 이 사건들은 단순한 경제 위기가 아니다. 돈의 민낯이 드러난 순간이다. 돈은 모두가 믿을 때만 돈이다. 믿음이 사라지면 종이가 된다. 여기서 한 사람이 등장한다.

허구를 만드는 동물

....

유발 노아 하라리. 이스라엘 예루살렘 히브리대학교의 역사학자. 2014년 출간한 『사피엔스』는 65개 언어로 번역되어 2,500만 부이상 팔렸다. 빌 게이츠, 마크 저커버그, 버락 오바마가 추천한 책이다. 그가 던진 질문은 단순했다. 왜 호모 사피엔스만 살아남았는가? 7만 년 전, 지구에는 여러 인류 종이 공존했다. 네안데르탈인은 우리보다 뇌가 컸다. 호모 에렉투스는 우리보다 먼저 불을 사용했다. 하지만 모두 멸종했다. 호모 사피엔스만 남았다. 불 때문인가? 네안데르탈인도 불을 썼다. 도구 때문인가? 다른 종도 도구를 만들었다. 언어 때문인가? 다른 종도 의사소통을 했다. 하라리의 답은 달랐다.

"허구 덕분에 우리는 단지 사물을 상상하는 데 그치지 않고, 집 단적으로 상상할 수 있다."

— 『사피엔스』

허구를 만드는 능력. 존재하지 않는 것을 "있다"고 믿고, 그 믿음을 수천 명, 수만 명과 공유하는 능력. 이것이 결정적 무기였다. 침팬지는 인간과 DNA가 약 99% 같다. 도구를 쓴다. 슬퍼한다. 정치도 한다. 무리 안에서 편을 가르고, 배신하고, 화해한다. 거의 인간이다. 딱하나를 못 한다. 종이쪼가리 앞에서 저녁 식사를 상상하지 못한다.

만 원짜리를 줘보라. 구기고 버린다. 침팬지가 틀린 게 아니다. 종이
는 진짜로 종이니까. 하지만 이 정직한 동물은 150마리가 한계다. 서
로 얼굴을 알고, 직접 관계를 맺을 수 있는 범위. 넘어가면 무리가 쪼
개진다. 그러나 호모 사피엔스는 그 벽을 넘었다. "우리는 같은 신을
믿는다." "우리는 같은 부족이다." 한 번도 만난 적 없는 수천 명이 같
은 허구를 공유하면 협력할 수 있었다. 네안데르탈인 50명 vs 호모
사피엔스 500명. 개인 능력은 네안데르탈인이 우세했을지 모른다.
하지만 집단의 규모에서 승부가 갈렸다. 인류가 지구를 지배하게 된
건 근육이 아니라 이야기 때문이었다. 정직한 쪽이 졌다.

외계인의 스캔

....

허구는 돈만이 아니다. 신은 어디에 있는가? 현미경으로 볼 수
없다. 망원경으로도 볼 수 없다. 하지만 수십억 명이 신을 믿는다. 그
믿음으로 대성당을 짓고, 십자군을 일으키고, 순교한다. 존재하지
않는 것이 세상을 뒤흔든다. 국가는 어디에 있는가? 대한민국은 어
디에 있나? 땅은 흙과 돌이다. 국경은 자연에 없는 선이다. 가장 첨
단의 장비를 가진 외계인이 한반도를 스캔하면 무엇이 보이겠는가?
산, 강, 바다, 건물, 생명체. 하지만 '대한민국'은 보이지 않는다. '38선'
도 보이지 않는다. 그것은 인간의 머릿속에만 있다.

법은 어디에 있는가? 살인죄는 만질 수 없다. 볼 수 없다. 종이에

적힌 글자일 뿐이다. 하지만 그 글자가 사람을 감옥에 보낸다. 인권은 어디에 있는가? "모든 인간은 평등하게 태어났다." 생물학적 사실인가? 아니다. 자연은 평등을 모른다. 평등은 우리가 선택한 허구다. 하지만 그 허구가 노예제를 폐지했다. 우리는 허구의 바다에서 수영하고 있다. 물고기가 물을 모르듯, 우리는 허구를 모른다. 그리고 모든 허구 중에서 가장 강력한 것이 돈이다.

INSIGHT

회사, 브랜드, 자격증, 학위. 당신이 의지하고 있는 것 중 물리적으로 존재하는 것은 없다. 전부 집단적 믿음이다. 그 믿음이 유지되는 동안만 작동한다.

누구도 거부하지 못하는 종교

·········

하라리는 돈을 "역사상 가장 보편적인 믿음 체계"라고 부른다. 종교를 보자. 수십억 명이 신을 믿는다. 하지만 기독교인은 이슬람을 믿지 않는다. 무슬림은 힌두교를 믿지 않는다. 종교는 결속시키지만 동시에 분열시킨다. 국가를 보자. 한국인은 대한민국을 믿는다. 하지만 일본인에게 대한민국은 옆 나라일 뿐이다. 국가는 국경을 넘지 못한다. 이념을 보자. 자본주의와 공산주의는 서로를 적으로 규정했다. 이념은 세상을 쪼갠다. 하지만 돈은? 기독교인도 돈을 쓴다. 무슬림도 돈을 쓴다. 무신론자도 돈을 쓴다. 민주주의자도, 공산주의자도, 돈 앞에서는 고개를 숙인다. 북한은 미국을 "제국주의"라고 욕하면서도 달러를 갈구한다. 이스라엘과 팔레스타인은, 서로 죽이면서도 무기를 살 때는 같은 돈을 쓴다. 이란은, 미국을 "대사탄"이라 부르면서도 미국 달러 없이는 나라를 굴리지 못한다.

> "돈은 역사상 가장 보편적이고 가장 효율적인 상호 신뢰의 체계다."
>
> —『사피엔스』

역사상 어떤 종교가, 어떤 국가가, 어떤 이념이 이 정도의 보편성을 가진 적이 있는가? 단 하나도 없다. 종교보다 보편적이고, 국가보다 효율적이고, 이념보다 유연하다. 돈은 인류가 만든 가장 성공적인 허구다.

INSIGHT

당신이 가장 싫어하는 사람을 떠올려보라. 정치적으로, 종교적으로 완전히 반대편에 있는 사람. 그런데 당신과 그 사람은 같은 돈을 쓴다. 신은 공유하지 못한 인류가 돈은 공유한다.

실물에서 무(無)로

....

돈의 역사는 사라짐의 역사다. 처음에 돈은 만질 수 있었다. 수천 년 전 사람들은 조개껍데기를 돈으로 썼다. 소금을 썼고, 가축을 썼고, 보리를 썼다. 나중에는 금과 은. 소금은 음식에 뿌릴 수 있었고, 금은 장신구를 만들 수 있었다. 돈 자체가 쓸모 있는 물건이었다. 다음은 종이였다. 금을 들고 다니기 무거우니까 금을 맡기고 증서를 받았다. 증서가 돌아다녔다. 어느새 사람들은 금을 찾으러 가지 않았다. 증서 자체가 돈이 됐다. 종이에는 아무 가치가 없었다. "언제든 금으로 바꿀 수 있다"는 약속이 가치를 만들었다.

1971년 8월 15일. 결정적 순간이 왔다. 리처드 닉슨 대통령이 텔레비전에 나와 선언했다. 달러를 금으로 바꿔주지 않겠다고. 닉슨 쇼크. 증서에서, 증서가 약속하던 실물이 사라진 것이다. 하지만 놀라운 일이 벌어졌다. 사람들은 계속 달러를 썼고, 계속 원화를 썼다. 금이 빠졌는데 아무도 개의치 않았다. 왜? 다른 사람들이 계속 쓸 거라고 믿었으니까. 이 사건이 증명하는 것은 하나다. 돈의 가치는 처음부터 금에 있었던 게 아니다. 믿음에 있었다. 지금은 숫자다. 은행 앱을 열어보라. 1,234,567원. 이 숫자는 어디에 있는가? 은행 금고에 123만 원이 쌓여 있는가? 없다. 서버 어딘가에 저장된 전기 신호다. 전 세계 돈의 90% 이상은 물리적으로 존재하지 않는다. 중앙은행이 "돈을 푼다"는 것은 인쇄기를 돌리는 게 아니다. 컴퓨터에 숫자를 입력하는 것이다. 조개에서 금으로. 금에서 종이로. 종이에서 숫자로.
돈은 점점 더 "없는 것"에 가까워지고 있다. 그런데 돈의 힘은 점점
더 강해지고 있다. 덜 존재할수록 더 강력해진다. 이것이 허구의 역
설이다.

"돈은 물질적 실체가 아니라 심리적 구조물이다."

— 『사피엔스』

INSIGHT

1971년, 달러와 금의 연결이 끊어졌다. 그런데 아무 일도 일어나지 않았다. 돈의 가치
는 처음부터 금에 있지 않았다. 당신의 통장 잔고도 같다. 그 숫자의 가치는 서버에
있는 게 아니라 그 숫자를 받아줄 사람들의 머릿속에 있다.

허구인데, 진짜다

....

그렇다면 돈은 가짜인가? 이 질문 자체가 함정이다. 허구는 진짜
도 가짜도 아니다. 작동하거나, 작동하지 않거나. 대한민국은 진짜
인가? 물리적으로는 없다. 하지만 법이 집행되고, 세금이 걷히고, 군
대가 영토를 지킨다. 작동하는 것이다. 사랑은 진짜인가? 보여달라
면 보여줄 수 없다. 뇌의 화학 반응이라고 환원하면 그건 '사랑'이 아
니라 '도파민'이다. 하지만 사랑 때문에 사람들은 평생을 헌신한다.

작동하는 것이다. 돈도 마찬가지다. 실체가 없다. 하지만 집을 사고, 사람을 고용하고, 전쟁을 일으킨다. 놀랍도록 효율적으로 작동한다.

하라리는 허구의 힘을 부정하지 않는다. 오히려 경탄한다. 허구가 없었다면 인류는 피라미드를 쌓지 못했고, 대성당을 짓지 못했고, 달에 가지 못했다. 문제는 허구의 존재가 아니다. 허구를 자연법칙으로 착각하는 것이 문제다.

"원인은 허구이지만 고통은 백 퍼센트 실재한다."

—『호모 데우스』

허구를 모르는 사람, 아는 사람

....

돈이 "원래부터 있는 것"이라고 믿으면 어떻게 되는가? 돈에 지배당한다. 돈이 절대적 가치가 된다. 건강을 바치고, 가족을 바치고, 때로는 양심을 바쳐서 숫자를 쌓는다. 수단이었던 것이 목적이 되어버린다. 연봉이 올라도 만족하지 못한다. 옆 사람이 더 받으니까. 5천만 원에서 7천만 원이 됐다. 기쁘다. 한 달. 그리고 "1억 원은 돼야 하는데"가 시작된다. 숫자는 항상 더 큰 숫자 앞에서 초라해진다. 시스템이 보이지 않는다. 돈이 허구임을 모르면, 돈이 만든 시스템도 보이지 않는다. 왜 어떤 사람은 태어날 때부터 부자이고 어떤 사람은 평생 일해도 가난한지, 묻지 않는다. "원래 그런 거"라고 받아들인다. 왜 같은 시간 일하는데 CEO는 직원의 300배를 받는가? 왜 유산 상속자는 일하지 않아도 부자인가? 돈이 중력처럼, 원래 있는 것처럼 느껴지니까 이 질문이 떠오르지 않는다.

하지만 돈은 중력이 아니다. 인간이 만든 것이다. 인간이 만들었으니 인간이 바꿀 수 있다. 반대로, 돈이 허구임을 아는 사람은 다르다. 정체를 본다. 돈을 숭배하지 않는다. 유용한 도구로 본다. 참여하되 속지 않는다. 망치를 숭배하는 목수는 없다. 좋은 목수는 망치를 잘 쓸 뿐이다. 게임을 읽는다. 허구이지만 작동한다. "돈은 허구니까 의미 없어"라고 말하는 건 "국가는 허구니까 법을 안 지키겠어"라고 말하는 것과 같다. 허구라는 사실이 힘을 없애지 않는다. 오히려 작동 방식을 이해해야 활용할 수 있다. 허구임을 아는 사람은 게임을 플레이한다. 모르는 사람은 게임에 플레이 당한다.

돈의 민낯을 본 후에

....

2024년 1월 25일, 금요일 밤 11시. 원룸에 있는 남자. 두 번째 맥주 캔을 딴다. 287만 원은 월세로, 식비로, 대출이자로 흩어질 것이다. 그리고 한 달 뒤, 다시 같은 숫자가 찍힐 것이다. 그가 다시 한 달을 바쳐서 받을 것은 서버 어딘가의 전자 신호다. 달라진 건 하나다. 이제 그는 안다. 자기가 한 달을 바쳐 받은 것이 허구라는 것을. 종이도, 금속도, 숫자도 돈의 본질이 아니라는 것을. 본질은 믿음이라는 것을. 수십억 명이 공유하는 집단 환상이라는 것을. 그리고 그 환상이 작동한다는 것을. 그리고, 서로 모르는 사람, 서로 증오하는 사람까지 협력하게 만든다는 것을. 그래서 어떻게 하겠는가? 내일 아침 출근을 안 하겠는가? 돈을 안 받겠는가? 허구 바깥으로 나가겠는가? 그럴 수 없다. 내일도 돈을 벌어야 하고, 월세를 내야 하기에, 허구 안에서 살아야 한다. 남자는 맥주를 마신다. 287만 원은 내일도 허구다. 하지만 맥주는 차갑고, 방은 따뜻하고, 오늘 하루가 끝났다는 것은 진짜다.

INSIGHT

빠져나올 수는 없다. 다만 목숨까지 걸지는 않을 수 있다. 돈을 잃었을 때 전부를 잃은 것처럼 무너지지 않을 수 있다. 숫자가 올라도 들뜨지 않고, 내려가도 부서지지 않을 수 있다. 그 정도의 거리두기. 하라리가 준 것은 그것이다.

하라리 더 읽기

- 『**사피엔스**』 돈, 종교, 제국은 왜 허구인가? 인류 역사를 관통하는 통찰   난이도 ★★☆☆☆
- 『**호모 데우스**』 인간의 다음 단계는 무엇인가? 돈과 기술이 만들 미래   난이도 ★★★☆☆
- 『**21세기를 위한 21가지 제언**』 오늘을 사는 실천적 지혜   난이도 ★★☆☆☆

스미스의
착각

보이지 않는 손은 당신 편이 아니다

02

Adam
Smith

돈은 허구다. 그런데 허구치고는 너무 정교하게 돌아간다. 거기엔 규칙이
있다. 애덤 스미스는 그 규칙을 가장 체계적으로 정리한 사람이다. "보이지
않는 손"이라는 말은 누구나 안다. 하지만 그의 이름으로 정당화되는 것들
중 상당수는 그가 말한 적 없는 것들이다.

1,000페이지에 딱 한 번

....

"보이지 않는 손Invisible Hand." 경제학을 배운 적 없는 사람도 이 표현은 안다. 시장에는 보이지 않는 손이 있다. 개인이 각자 자기 이익을 추구하면, 그 손이 사회 전체를 조화롭게 이끈다. 빵집 주인은 돈을 벌려고 빵을 굽지만, 그 덕에 동네 사람들은 아침을 먹을 수 있다. 택시 기사는 생계를 위해 운전하지만, 그 덕에 누군가는 공항에 도착한다. 누가 시키지 않아도, 필요한 곳에 필요한 것이 공급된다. 정부가 개입하지 않아도 된다. 시장에 맡기면 된다. 이 논리의 창시자가 애덤 스미스라고 배웠다. 자본주의의 아버지. 시장 경제의 이론적 토대를 놓은 사람. 애덤 스미스의 대표작 『국부론』. 약 1,000페이지에 달하는 방대한 저작이다. 이 책에서 "보이지 않는 손"이라는 표현이 등장하는 횟수는 단 한 번이다. 맥락이 중요하다. 스미스의 원문은 이렇다.

> "그는 자기 자신의 이득만을 추구하며, 이 경우에도 다른 많은 경우와 마찬가지로 보이지 않는 손에 이끌려 자신이 전혀 의도하지 않았던 목적을 촉진하게 된다."
>
> ―『국부론』

핵심은 "많은 경우many other cases"다. "모든 경우"가 아니라 "많은 경우." 스미스는 조건을 달았다. 그 조건이 어딘가에서 사라졌다. "시장에 맡기면 된다"는 신앙이 스미스의 이름표를 달고 퍼졌다. 그렇다면 스미스가 실제로 말한 게임의 규칙은 무엇인가?

푸줏간 주인의 진짜 의미

....

스미스의 가장 유명한 문장 중 하나다.

> "우리가 저녁 식사를 기대할 수 있는 것은 푸줏간 주인, 양조장 주인, 빵집 주인의 자비심 덕분이 아니라, 그들 자신의 이익에 대한 그들의 관심 덕분이다."
>
> — 『국부론』

보통 이렇게 해석된다. "이기심이 경제를 움직인다. 이기심은 좋은 것이다." 스미스가 실제로 말한 것은 더 구체적이다. 시장에서 거래할 때, 상대방의 자비심에 호소하지 말라는 것이다. 푸줏간 주인에게 "저 배고파요, 고기 좀 공짜로 주세요"라고 하면 안 된다. 대신그의 이익에 호소하라. "돈을 낼 테니 고기를 주세요." 내가 원하는 것을 얻으려면, 상대방이 원하는 것을 줘야 한다. 이것이 게임의 첫 번째 규칙이다. 거래는 자비심이 아니라 상호 이익으로 작동한다.

지금 당신의 직장을 떠올려보라. 회사가 당신에게 월급을 주는 이유는 당신이 착해서가 아니다. 당신의 노동이 회사에 이익을 주기 때문이다. 당신이 출근하는 이유도 회사가 좋아서가 아니다. 월급이 필요하기 때문이다. 양쪽 다 자기 이익을 추구하고 있다. 이 교환이 성립하는 한 관계는 유지된다. 성립하지 않으면 끊어진다. 이직이든 해고든. 냉정하다. 하지만 여기서 끝이 아니다.

INSIGHT

누군가에게 부탁할 일이 생겼을 때, "제가 이렇게 힘든데요"로 시작하는가, "이게 당신에게도 이익입니다"로 시작하는가? 전자는 자비심에 호소하는 것이다. 후자가 스미스의 방식이다. 상대방의 이익 구조를 먼저 파악하는 사람이 자기 이익을 얻는다.

이기심만으로는 안 된다

....

스미스가 경제학의 아버지라면, 그의 첫째 아이는 『국부론』이 아니다. 『국부론』보다 17년 먼저 출간된 책이 있다. 『도덕감정론』. 스미스 본인은 이 책을 『국부론』보다 더 나은 책이라고 여겼다. 죽기 직전까지 개정하며 6판까지 냈다. 이 책의 첫 문장이 이렇다.

"인간이 아무리 이기적인 존재라 하더라도, 그의 본성에는 분명히 몇 가지 원리가 있어서, 다른 사람의 운명에 관심을 갖게 하고, 그들의 행복이 자신에게 필요하게 만든다."

―『도덕감정론』

"자본주의의 아버지"가 쓴 첫 번째 책의 첫 번째 문장이, 인간의 공감 능력에 대한 것이다. 시장은 이기심으로 돌아간다. 하지만 이기심만으로는 돌아가지 않는다. 지금 당신의 지갑에 있는 카드를 생각해보라. 카드를 긁으면 물건을 준다. 당연한가? 전혀 당연하지 않다. 가게 주인은 당신이 돈을 갚을지 모른다. 카드사가 정산해줄 거라고 믿기 때문에 물건을 내준다. 카드사는 당신이 다음 달에 갚을 거라고 믿기 때문에 대신 결제해준다. 이 거래의 바닥에는 이기심이 아니라 신뢰가 깔려 있다. 신뢰가 무너지면 어떻게 되는가. 중고 거래를 해본 사람은 안다. 사기꾼이 아닐까 불안할 때, 리뷰를 확인하고, 직거래를 고집하고, 안전결제를 쓴다. 이 모든 게 신뢰의 부재를 메우기 위한 비용이다. 신뢰가 높은 사회일수록 거래는 빠르고 싸다. 낮은 사회일수록 느리고 비싸다.

스미스가 경제학 책보다 도덕 책을 먼저 쓴 이유가 여기에 있다. 시장은 이기심이 만들지만, 신뢰가 그 시장을 굴린다. 신뢰 없는 이기심은 사기다. 이기심 없는 신뢰는 자선이다. 시장은 그 사이에 있다.

스미스가 경고한 것

....

스미스는 시장의 힘을 인정했다. 분업과 교환이 생산성을 높이고 사회를 풍요롭게 만든다. 하지만 그는 시장의 위험도 분명히 알았다.

> "같은 업종에 종사하는 사람들은 사교나 오락을 목적으로 모이는 경우에도, 대화는 대개 대중에 대한 음모나 가격을 올리기 위한 계략으로 끝나고 만다."
>
> ―『국부론』

250년 전의 경고다. 2022년, 한국 아이스크림 시장. 시장의 85%를 차지하는 제조사들이 가격 담합으로 적발됐다. 4년 가까이 가격을 맞추고, 거래처까지 나눠 가졌다. 과징금 1,350억 원. 편의점에서 아이스크림을 고를 때, 당신은 여러 브랜드 중 자유롭게 하나를 골랐다고 생각했을 것이다. 하지만 그 브랜드들은 경쟁하고 있지 않았다. 스미스는 기업가의 편이 아니었다.

"고용주들은 비록 수가 적지만, 훨씬 쉽게 단결할 수 있다. 우리
는 고용주들의 단결에 대해서는 거의 듣지 못하지만, 노동자들
의 단결에 대해서는 자주 듣는다. 그러나 고용주들의 단결이 드
물다고 생각하는 사람은 세상일에도, 이 문제에도 무지한 것
이다."

— 『국부론』

프랜차이즈 가맹점주를 생각해보라. 본사는 하나다. 가맹점은
수천 개다. 원재료 가격이 올라도, 로열티가 바뀌어도, 가맹점주 한
명이 할 수 있는 건 거의 없다. 계약서는 본사가 만들었고, 조건도 본
사가 정한다. 수천 명이 같은 불만을 가지고 있어도 따로따로. 게
임의 두 번째 규칙이다. 시장의 참여자들은 경쟁을 원하지 않는다.
기회가 되면 경쟁을 없애려 한다. 힘은 흩어진 쪽이 아니라 모인 쪽
에 있다.

INSIGHT

같은 업종의 가격이 동시에, 비슷한 폭으로 움직일 때 의심하라. 경쟁하는 것처럼 보
이지만 경쟁하지 않는 시장은 생각보다 많다.

경쟁이 사라지면

....

보이지 않는 손이 작동하려면 조건이 필요하다. 가장 중요한 조건은 경쟁이다.

> "독점가는 시장을 항상 품귀 상태로 유지함으로써, 유효 수요를 결코 충분히 충족시키지 않음으로써, 자신의 상품을 자연 가격보다 훨씬 높게 팔아 이윤을 올린다."
>
> —『국부론』 제1편 제7장

당신의 스마트폰을 보라. 카카오톡을 안 쓰면 연락이 안 된다. 다른 메신저가 있다. 하지만 상대방이 안 쓰면 소용없다. 모두가 쓰는 플랫폼을 혼자 떠나기는 어렵다. 배달앱을 생각해보라. 소비자는 앱 하나에 몰리고, 식당은 그 앱에 입점하지 않으면 주문이 안 들어온다. 수수료가 올라도 떠나기 어렵다. 다른 앱에는 손님이 없으니까. 경쟁이 있는 것 같지만, 사실상 선택지가 없는 시장이 있다. 게임의 세 번째 규칙이다. 경쟁이 있어야 시장이 작동한다. 경쟁이 사라지면, 보이지 않는 손은 강한 쪽의 손이 된다.

당신이 소비자로서 참여하는 시장을 하나 떠올려보라. 통신, 보험, 은행, 배달앱. 선택지가 진짜로 다른가, 아니면 이름만 다른가. 놀라울 정도로 비슷하다면, 그건 경쟁이 아니다.

돈은 아래로 흐르지 않는다

....

"부자가 돈을 벌면 결국 가난한 사람에게도 흘러간다." 낙수 효과Trickle-down effect. 부유층의 부가 늘어나면 투자가 늘고, 일자리가 생기고, 가난한 사람들도 혜택을 본다는 이론이다. 자유시장을 말한 스미스의 논리와 자연스럽게 연결되는 것처럼 보인다. 하지만 스미스는 이런 말을 한 적이 없다. 중요한 건 역사가 아니라, 이 이론의 전제다. 돈은 물처럼 위에서 아래로 흐른다. 정말 그런가?

2020년, 런던정경대LSE의 데이비드 호프와 킹스칼리지런던의 줄리안 림버그가 연구를 발표했다. 50년간 18개 OECD 국가의 데이터를 분석한 결과다. 부유층 감세는 상위 1%의 소득 비중을 높였을 뿐, GDP 성장률이나 실업률에는 뚜렷한 영향을 미치지 않았다. 돈은 아래로 흐르지 않았다. 부동산을 보라. 집값이 오르면 집 있는 사람은 더 부자가 되고, 집 없는 사람은 더 멀어진다. 주식을 보라. 주가가 오르면 주식 가진 사람의 자산이 늘고, 주식 없는 사람에게는 아무 일도 일어나지 않는다. 금리가 오르면 예금이 많은 사람은 이자 소득이 늘고, 대출이 많은 사람은 이자 부담이 늘어난다. 패턴이 보인다. 돈은 물이 아니다. 물은 중력 때문에 아래로 흐른다. 돈에는 중력이 없다. 돈에는 방향이 있다. 돈은 더 많은 돈이 있는 곳으로 간다.

> "어떤 사회도 구성원의 대다수가 가난하고 비참하면 번영하고 행복할 수 없다."
>
> — 『국부론』

스미스는 노동자들의 높은 임금을 지지했다. 시장이 모두에게 작동하려면 모두가 참여할 수 있어야 한다. 참여할 수 없는 사람이 많아지면 시장 자체가 축소된다. 게임의 네 번째 규칙이다. 돈은 아래로 흐르지 않는다. 돈은 돈이 있는 곳으로 흐른다. 이 방향을 모르면 게임에서 계속 밀린다.

INSIGHT

월급이 들어오는 날, 그 돈이 어디로 가는지 따라가 보라. 월세는 집주인에게. 대출이자는 은행에. 보험료는 보험사에. 당신의 돈은 자산을 가진 쪽으로 흐르고 있다. 돈의 방향을 아는 것이 방향을 바꾸는 첫 번째 단계다.

보이지 않는 손이 안 보이는 이유

....

게임의 규칙을 정리하자.

- 첫째, 거래는 상호 이익으로 작동한다. 상대방의 이익을 충족시켜야 내 이익도 얻는다.
- 둘째, 시장의 참여자들은 경쟁을 원하지 않는다. 기회가 되면 경쟁을 없앤다. 힘은 흩어진 쪽이 아니라 모인 쪽에 있다.
- 셋째, 경쟁이 있어야 시장이 작동한다. 경쟁이 사라지면, 보이지 않는 손은 강한 쪽의 손이 된다.
- 넷째, 돈은 아래로 흐르지 않는다. 돈은 돈이 있는 곳으로 흐른다.

이 규칙들은 250년 전에 쓰였지만 지금도 작동한다. 스미스의 진짜 통찰은 "시장에 맡기면 된다"가 아니었다. "시장이 작동하려면 조건이 있다"였다. 경쟁이 살아 있어야 하고, 신뢰가 유지되어야 한다. 이 조건이 무너지면 보이지 않는 손은 작동을 멈춘다. 정확히는, 모두를 위해 작동하는 것을 멈춘다. 강한 쪽을 위해서는 여전히 작동한다. 보이지 않는 손은 당신 편이 아니다. 조건이 갖춰졌을 때만, 당신 편이 되어준다.

"시장에 맡기면 된다"는 말을 들을 때마다 물어라. 누구의 시장인가. 경쟁이 살아 있는 시장인가, 이미 기울어진 시장인가. 보이지 않는 손은 조건이 갖춰졌을 때만 작동한다. 조건을 확인하지 않고 시장을 믿는 것은 심판 없는 경기를 공정하다고 믿는 것과 같다.

스미스 더 읽기

• 『도덕감정론』 인간은 이기적이기만 한가? 『국부론』보다 먼저 읽어야 할 책　난이도 ★★★☆☆

• 『국부론』 국가는 왜 부유해지는가? 1,000페이지짜리 도전　난이도 ★★★★☆

돈이라는 게임

보드리야르의
기호

우리는 물건이 아니라 의미를 산다

03

Jean
Baudrillard

보드리야르는 말한다.
당신은 물건을 사는 게 아니다. 기호를 사는 것이다.

장례식장의 화환

....

장례식장에 간다. 화환이 줄지어 서 있다. 이름이 적혀 있다. "○○그룹 회장 ○○○." "국회의원 ○○○." "○○대학교 총장." 화환의 크기가 다르다. 가격이 다르다. 6만 원짜리도 있고, 12만 원짜리도 있고, 수십만 원짜리도 있다. 꽃은 3일이면 시든다. 장례가 끝나면 버려진다. 꽃의 기능만 따지면, 한 송이면 충분하다. 향기를 맡고, 색을 보고, 위로를 전한다. 그걸로 끝이다.하지만 한 송이를 보내는 사람은 없다. 화환은 꽃이 아니기 때문이다. 화환은 메시지다. "나는 이 고인과 이 정도의 관계였다." "나는 이 정도의 사람이다." 6만 원짜리를 보내면 "그냥 아는 사이"고, 수십만 원짜리를 보내면 "깊은 관계"다. 꽃의 향기는 같다. 위로의 마음도 같다. 하지만 가격이 관계의 깊이를 증명한다. 3일 뒤 쓰레기통에 버려질 꽃에 수십만 원을 쓰는 이유. 꽃을 산 게 아니라 체면을 산 것이다. 자신이 어떤 사람인지를 산 것이다. 한 남자가 이 구조를 정확히 꿰뚫어 봤다.

독일어 교사가 본 것

....

장 보드리야르. 프랑스 사회학자. 이력부터 독특하다. 부모는 공무원이었고, 가문에 대학을 나온 사람이 없었다. 본인도 처음에는 고등학교 독일어 교사였다. 서른 중반이 넘어서야 사회학으로 전향했고, 서른일곱에 박사 학위를 받았다. 전형적인 엘리트 학자의 경로가 아니었다. 어쩌면 그래서 다른 것이 보였다. 안에서 태어난 사람은 물을 모른다. 바깥에서 들어온 사람은 물이 보인다. 1970년, 그는 『소비의 사회』를 출간한다.

"사람들은 사물 그 자체를 소비하는 것이 아니라, 자신을 타인과 구별 짓는 기호로서 사물을 조작한다."

— 『소비의 사회』

기호. 이 단어가 보드리야르의 출발점이다.

1,600만 원의 정체

....

샤넬 가방은 1,600만 원이다. 3만 원짜리보다 500배 튼튼한가? 아니다. 500배 많이 담기는가? 아니다. 500배 오래 가는가? 아니다. 쓸모의 차이로는 가격의 1%도 설명할 수 없다. 그렇다면 나머지 99%는 무엇인가? 보드리야르는 이 나머지 99%에 이름을 붙였다. 기호 가치valeur-signe. 물건에는 사용 가치(쓸모)와 기호 가치(의미)가 있다. 샤넬 가방을 드는 순간, 그것은 "물건을 담는 도구"가 아니라 "나는 이것을 살 수 있는 사람이다"라는 선언이 된다. 1,600만 원 중 대부분은 그 선언의 값이다. 샤넬만이 아니다. 현대 소비사회에서 사용 가치는 점점 힘을 잃고, 기호 가치가 지배한다. 당신이 무언가를 살 때, 당신이 사는 것의 대부분은 물건이 아니라 메시지다.

INSIGHT

다음에 큰 돈을 쓸 때 계산해보라. 이 가격에서 기능값을 빼면 얼마가 남는가. 남는 금액이 기호의 가격이다. 그 가격을 지불할 의향이 있다면 사라. 다만 무엇을 사는지는 알고 사라.

3,000원의 정체

....

편의점 아메리카노, 1,500원. 스타벅스 아메리카노, 4,500원. 블라인드 테스트를 하면 구분 못 하는 사람이 많다. 카페인 함량도 비슷하다. 맛의 차이는 기껏해야 몇 백 원 수준이다. 그런데 사람들은 스타벅스에 간다. 자리에 앉아서 노트북을 편다. 초록색 로고가 보이게 컵을 테이블 가장자리에 놓는다. 커피를 마시러 간 게 아니다. "스타벅스에서 노트북을 펴고 앉아 있는 나"를 사러 간 것이다. 여유, 세련됨, 감각. 1,500원짜리 커피에는 이 이미지가 없다. 3,000원의 차액이 이미지의 값이다.

"아니, 나는 그냥 맛있어서 가는 건데?" 틀린 말은 아니다. 공간도

편하고, 자리도 좋다. 하지만 보드리야르는 한 가지를 더 묻는다. 그 커피를 종이컵에 담아 편의점 앞 벤치에서 마셔보라. 맛이 같아도 만족이 달라진다. 공간이 다르고, 컵이 다르고, 로고가 다르기 때문이다. 맛이 아니라 맥락이 만족을 결정한다.

> **INSIGHT**
>
> 내일 커피를 살 때 한 번만 멈춰보라. "나는 지금 커피를 사려는 건가, 커피를 마시는 '나'를 사려는 건가?" 정답은 없다. 기호를 사는 것 자체가 나쁜 게 아니다. 모르고 사는 게 문제다.

차이의 감옥

....

샤넬 가방의 가치는 샤넬 가방 자체에 있지 않다. 일반 가방과 다르다는 데 있다. 스타벅스의 가치는 스타벅스 자체에 있지 않다. 편의점 커피와 다르다는 데 있다. 기호는 단독으로 존재하지 않는다. 기호는 오직 다른 기호와의 차이 속에서만 작동한다.

"소비 과정에서 욕구를 창출하는 메커니즘은 차별화다."

— 『소비의 사회』

현대인은 물건을 소비하는 게 아니라 차이를 소비한다. 만약 모든 사람이 샤넬 가방을 들고 다닌다면 샤넬의 가치는 폭락한다. 차별화가 안 되니까. 명품 브랜드들이 가격을 계속 올리고, 한정판을 내고, 일부러 구하기 어렵게 만드는 이유가 여기에 있다. 희소해야 차이가 생기고, 차이가 있어야 기호 가치가 유지된다. 명품의 가치는 그것을 못 가진 사람들이 만든다. 모두가 가지면 명품이 아니다. 누군가는 못 가져야 명품이다. 당신이 명품을 살 때, 당신은 그 배제의 논리에 참여하는 것이다. 의식하든 못 하든.

기호는 가난한 사람도 놓아주지 않는다

....

"그건 부자들 이야기잖아. 나는 명품 안 사는데?" 보드리야르는 고개를 젓는다. 월급 200만 원 받는 사회초년생이 36개월 할부로 최신 아이폰을 산다. 통화하고 카톡하는 데 50만 원짜리 폰이면 충분하다. 하지만 회의실에서 테이블 위에 폰을 올려놓을 때, 싸구려 폰은 꺼내기가 무섭다. 형편이 빠듯한 부모가 아이에게 노스페이스 패딩을 사준다. 보온 기능은 10만 원짜리와 같다. 하지만 아이가 학교에서 "저것도 못 입는 애"가 되는 건 견딜 수 없다. 결국 타인의 시선이 지갑을 연다. 그리고 시선은 무엇을 사야 하는지까지 결정한다.

저소득층일수록 기호 소비에 더 취약하다. 학벌, 직업, 인맥으로 자신을 증명할 수단이 적으면, 소비가 마지막 방어선이 된다. 비싼 옷, 비싼 신발, 비싼 폰. 그게 "나는 무시당할 사람이 아니야"라는 유일한 선언이 된다. 돈이 없는 사람일수록 기호에 더 많은 돈을 쓴다. 기호에서 벗어날 여유가 없기 때문이다.

INSIGHT

당신이 무언가를 "남들 눈치 때문에" 산 경험이 있는가. 판단하려는 게 아니다. 그 순간을 다시 떠올려보라. 당신은 물건을 산 게 아니라 방어막을 산 것이다.

원본 없는 복제

·········

보드리야르는 2007년에 세상을 떠났다. 인스타그램은 2010년에 나왔다. 그가 SNS 시대를 봤다면 아마 이렇게 말했을 것이다. 내가 예언한 것의 가장 극단적인 실현이라고. 1981년, 그는 『시뮬라시옹』을 출간한다.

> "시뮬라크르는 영토도, 실체도, 대상도 가리지 않는다. 실재 없
> 는 모델로부터 만들어진 실재, 즉 과잉실재hyperréel다."
>
> — 『시뮬라시옹』

번역하면 이렇다. 원본이 없는 복제가 원본보다 더 실제처럼 작동하는 세계. 인스타그램에 올라온 발리 여행 사진. 수많은 편집을 거쳤다. 실제 발리보다 훨씬 더 아름답다. 사람들은 그 이미지를 보

고 발리에 간다. 도착하자마자 하는 일. 인스타에서 본 그 구도, 그 장소, 그 포즈를 재현하는 것이다. 경험하러 간 게 아니다. 이미지를 복제하러 간 것이다. 이미지를 보고 떠나고, 이미지를 재현하고, 이미지를 올리고, 누군가가 그 이미지를 보고 또 떠난다. 원본이 없다. 복제의 복제의 복제다.

인스타그램에서 당신을 정의하는 건 직업도 성격도 아니다. 당신이 무엇을 소비하는가다. 어떤 옷을 입고, 어디서 밥을 먹고, 어디로 여행 가는지. 소비가 곧 정체성이다. 당신은 경험을 하고 있는가, 아니면 경험의 이미지를 생산하고 있는가. 그리고 당신은 그 차이를 구분할 수 있는가.

> **INSIGHT**
>
> 마지막 여행을 떠올려보라. 가장 기억에 남는 순간은 언제인가. 사진을 찍은 순간인가, 사진을 찍지 않은 순간인가.

영원히 채워지지 않는 이유

·········

배가 고프면 밥을 먹는다. 배가 부르면 멈춘다. 몸이 추우면 옷을 입는다. 따뜻해지면 멈춘다. 사용 가치에는 포만점이 있다. 충족되는 지점이 있다. 그러나 기호에는 포만점이 없다. 내가 샤넬을 사면 옆 사람은 에르메스를 산다. 내가 에르메스를 사면 옆 사람은 한정

판 에르메스를 산다. 항상 위가 있다. 끝이 없다.

> "욕구란 결코 특정한 사물에 대한 욕구가 아니라, 차이의 욕구
> 다. 따라서 완전한 만족이란 존재할 수 없다."
>
> —『소비의 사회』

당신이 연봉 5천만 원을 받는다. 꽤 만족스럽다. 그런데 옆자리 동료가 7천만 원을 받는다는 걸 알게 됐다. 순간 5천만 원이 초라해진다. 객관적으로 바뀐 건 없다. 당신의 통장은 그대로다. 하지만 "차이"가 보이는 순간, 만족이 결핍으로 바뀐다. 소비사회는 당신이 만족하면 안 된다. 만족하면 소비를 멈추니까. 그래서 끊임없이 결핍을 주입한다. 작년에 산 아이폰은 아직 멀쩡하다. 그런데 새 아이폰이 나왔다. 갑자기 내 폰이 구식처럼 느껴진다. 기능상 문제없다. 하지만 기호적으로 낡았다. 이 "낡았다"는 느낌은 필요에서 온 게 아니다. 주입된 결핍이다. 브랜드들은 당신의 결핍을 설계하고, 그 결핍을 팔아서 돈을 번다.

INSIGHT

지금 "갖고 싶다"고 느끼는 것을 하나 떠올려보라. 한 달 전에도 그것을 원했는가? 아마 아닐 것이다. 한 달 전에는 다른 것을 원했고, 그것을 사지 않았지만 아무 일도 일어나지 않았다. 욕망에는 유통기한이 있다. 기다려보면 대부분 소멸한다.

탈출 불가능?

....

기호 소비에서 벗어날 수 있는가? 보드리야르는 비관적이었다. 소비를 거부해도, 그 거부 자체가 하나의 기호가 된다. 미니멀리스트? "나는 소비를 거부하는 사람이야"라는 기호를 소비하는 것이다. 브랜드 없는 옷? "나는 브랜드에 휘둘리지 않는 사람이야"라는 기호다. 이마트 노브랜드가 정확히 이 전략이다. 이름 자체가 "브랜드 없음"인데, 그 "브랜드 없음"이 곧 브랜드가 되었다. 소비를 해도 기호다. 거부해도 기호다. 빠져나갈 구멍이 없어 보인다. 그렇다면 어떻게 하는가? 보드리야르는 답을 주지 않았다. 진단하는 사람이었지, 처방하는 사람이 아니었다. 하지만 알고 사는 것과 모르고 사는 것은 다른 삶이다. 모르고 사면 중독이다. 알고 사면 선택이다.

INSIGHT

미니멀리즘도 기호다. 거부해도 기호다. 완전한 탈출은 없다. 하지만 모르고 끌려가는 것과 알고 참여하는 것은 같은 게임이 아니다.

보드리야르 더 읽기

- 『**소비의 사회**』 우리는 왜 필요 이상으로 사는가. 소비문화의 해부   난이도 ★★★☆☆
- 『**시뮬라시옹**』 현실과 이미지의 경계가 사라진 세계   난이도 ★★★★☆

멍거의
인센티브

사람은 말이 아니라 보상 구조에 반응한다

04

Charles Thomas Munger

사람은 왜 그렇게 행동하는가. 찰리 멍거는 답한다. 인센티브를 보라. 멍거처럼 생각한다는 것은 사람의 말을 듣지 않고, 보상 구조를 읽는 것이다. 말은 거짓말을 하지만 인센티브는 거짓말을 하지 않는다.

정상인 쓸개

....

찰리 멍거의 할아버지가 살던 마을에 외과 의사가 한 명 있었다. 동네에서 신뢰받는 의사였다. 그런데 이 의사의 수술실에서 잘려나온 쓸개가 바구니째 병리학 연구실로 보내졌다. 검사 결과, 전부 정상이었다. 한 번이 아니다. 수년간 계속됐다. 이 의사는 악인이었는가? 결국 이 의사는 제명됐다. 멍거가 말했다. "그 의사는 쓸개가 모든 질병의 근원이라고 진심으로 믿었습니다. 환자를 사랑하니까 빨리 꺼내줘야 한다고 생각했어요."

그는 자기가 돈 때문에 수술한다고 생각하지 않았다. 수술을 할수록 돈을 버는 구조 안에서, "수술이 환자에게 좋다"는 믿음이 해가 갈수록 강해진 것이다. 인센티브가 판단을 왜곡했는데, 본인은 순수한 의학적 소신이라고 믿었다. 만약 이 의사가 수술이 아니라 상담으로 같은 돈을 벌었다면? 그래도 쓸개를 잘라냈을까? 인센티브는 행동만 바꾸는 게 아니다. 믿음을 바꾼다. 자기에게 유리한 것을 "옳은 것"이라고 진심으로 믿게 만든다.

"인센티브를 보여줘라. 그러면 결과를 보여주겠다."

— 찰리 멍거

INSIGHT

당신이 확신하는 것 중에 당신에게 유리한 것이 있는가. "이게 옳다"고 믿는 그 판단이, 공교롭게도 당신의 수입이나 평가에 도움이 되지는 않는가. 일치한다면 한 번 의심하라. 인센티브는 믿음의 모양을 바꾼다. 본인도 모르게.

99세의 생각 기계

....

찰리 멍거. 세상은 그를 "워런 버핏의 파트너"로 기억한다. 버크셔 해서웨이의 부회장. 99세까지 현역이었고, 100번째 생일을 한 달 앞두고 세상을 떠났다. 하지만 "버핏의 파트너"는 절반만 맞는 소개다. 버핏은 공개적으로 말한다. "찰리가 없었으면 나는 지금보다 훨씬 가난했을 것이다." 버핏이 숫자의 천재라면, 멍거는 생각의 천재다. 물리학, 생물학, 심리학, 역사학, 수학을 넘나드는 사고 체계. 하나의 분야에 갇히지 않고 여러 분야의 렌즈를 겹쳐서 세상을 읽는 방법을 그는 멘탈 모델mental model이라 불렀다. 그가 평생 수집한 멘탈 모델 중 가장 강력한 것이 하나 있다.

> "나는 평생 인센티브의 힘을 이해하는 데 있어 상위 5%에 속했
> 다고 생각한다. 그런데도 평생 과소평가했다."
>
> — 하버드 대학 연설 (1995)

상위 5%에 속한 사람이 그래도 과소평가했다고 말한다. 겸손이 아니다. 인센티브의 힘이 그만큼 크다는 뜻이다.

페덱스가 하룻밤 만에 바뀐 이유

....

세계 최대의 물류 회사 페덱스^{FedEx}. 이 회사의 핵심은 야간 작업이다. 전국에서 보낸 물건이 밤 사이 허브로 모이고, 분류되고, 다시 각지로 흩어진다. 이 야간 작업의 속도가 "익일 배송"을 가능하게 한다. 그런데 문제가 생겼다. 야간 교대조가 느렸다. 물량은 쌓이는데 작업이 안 끝났다. 관리자가 독려했다. 안 됐다. 교육을 시켰다. 안 됐다. 위협했다. 안 됐다. "여러분의 헌신이 회사의 미래입니다"라고 호소했다. 안 됐다. 그러나 해결책은 단순했다. 시급제를 교대근무당 고정급으로 바꿨다. "몇 시간 일하든 같은 돈을 받는다. 일이 끝나면 퇴근이다." 하룻밤 만에 작업 시간이 급감했다. 품질은 올라갔다. 같은 사람들이, 같은 장소에서, 같은 일을 했다.

무엇이 달라졌는가? 시급제에서 작업자의 이득은 "오래 일하는 것"이었다. 빨리 끝내면 손해다. 시간이 곧 돈이니까. 느릿느릿 일하는 건 게으른 게 아니었다. 합리적이었다. 그러나 고정급으로 바꾸자 이득의 방향이 뒤집혔다. 빨리 끝내면 빨리 집에 간다. 같은 돈을 받으면서. 느릿느릿 일할 이유가 사라졌다. 사람이 바뀐 게 아니다. 인센티브가 바뀐 것이다.

당신의 허리가 아프다

....

허리가 아프다. 병원에 간다. 의사가 MRI를 본다. "디스크가 좀 나와 있네요. 수술하시는 게 좋겠습니다." 무섭다. 하지만 전문가가 말했으니 전문가를 믿어야 하지 않을까? 질문을 바꿔보자. 이 의사는 당신이 수술을 하면 수백만 원을 번다. 물리치료를 권하면 거의 못 번다. "수술하세요"와 "물리치료 해보세요" 사이에 수백만 원의 차이가 있다. 이 차이가 그의 판단에 영향을 미치지 않을까? "그래도 의사는 양심이 있지 않나?" 양심이 없다는 게 아니다. 양심이 인센티브를 이기기 어렵다는 것이다. 더 정확하게 말하면, 인센티브가 양심의 모양을 바꾼다. 수술을 많이 할수록 돈을 버는 구조에서, "수술이 환자에게 최선이다"라는 판단이 자연스럽게 강화된다. 의식적으로 속이는 게 아니다. 진심으로 그렇게 믿게 된다. 쓸개를 잘라낸 의사처럼. 미국의 연구. 의사가 병원 지분을 소유한 경우, 같은 증상에 대한 수술 빈도가 유의미하게 높다. 증상은 같다. 의사의 실력도 비슷하다. 다른 것은 하나. 수술 수익이 의사의 주머니로 가느냐 아니냐다.

INSIGHT

전문가의 조언을 들을 때, 한 가지만 추가로 물어라. "이 사람이 나에게 이 조언을 했을 때, 이 사람은 무엇을 얻는가?" 이 질문 하나면 그 조언이 당신을 위한 것인지, 그의 수익을 위한 것인지 구분할 수 있다.

망치와 못

....

"망치를 든 사람에게는 모든 것이 못으로 보인다."

— 『가난한 찰리의 연감』

　　정신과 의사에게 가면 약이 답이다. 50분 상담보다 5분 진료 후 약 처방 열 건이 수익이 크다. 시간이 지나면 "약이 가장 효과적인 치료법이다"라는 믿음이 자연스럽게 강해진다. 그의 망치가 약이니까. 변호사에게 가면 소송이 답이다. 합의를 시키면 수임료가 줄어든다. 오래 끌수록, 복잡해질수록 이득이다. "소송이 당신의 권리를 가장 잘 지켜줍니다." 진심이다. 하지만 그의 망치가 소송이라는 것을 기억하라. 보험 설계사에게 가면 보험이 답이다. 보험료가 높을수록, 특약이 많을수록 수수료가 높다. "이것도 넣으시는 게 좋겠어요." 당신의 안전을 위한 것인가, 수수료를 위한 것인가. 이들이 나쁜 사람이냐고? 대부분 아니다. 좋은 사람이다. 진심으로 당신을 돕고 싶어 한다. 하지만 그들의 도움은 그들의 망치 모양으로 제한된다. 그리고 망치 안에 오래 있으면, 세상이 진짜로 못으로만 보이기 시작한다.

남의 집과 내 집

....

　　집을 판다. 부동산 중개인에게 맡긴다. "지금 나온 가격이 적당합니다. 빨리 파시는 게 좋겠어요." 계산을 해보자. 집이 5억 원에 팔리면 중개 수수료를 0.4%로 잡았을 때 200만 원. 집이 5억 5천만 원에 팔리면 중개 수수료 0.4%, 220만 원. 당신에게 5천만 원은 전세 보증금이 될 수도, 대출 상환이 될 수도 있는 돈이다. 중개인에게는 20만 원 차이다. 점심값 몇 번. 석 달을 기다려서 당신에게 5천만 원을 더 받아주는 것과, 빨리 팔고 다음 물건 두 건을 더 성사시키는 것. 중개인에게 어느 쪽이 이득인가. 경제학자 스티븐 레빗이, 미국 시카고에서 약 10만 건의 주택 매매를 분석했다. 부동산 중개인이 자기 집을 팔 때는 평균 10일 더 오래 시장에 내놓고, 평균 3% 더 높은 가격에 팔았다. 남의 집을 팔 때는 "빨리 파세요."라고 하지만, 자기 집을 팔 때는 기다린다. 악의가 아니다. 산수다. 남의 집이 5천만 원 더 오르면 자기 몫은 20만 원이다. 자기 집이 5천만 원 오르면 전부 자기 돈이다. 사람이 같아도, 인센티브가 다르면 행동이 달라진다.

2008년 9월 15일
....

리먼 브라더스Lehman Brothers. 158년 역사의 미국 4위 투자은행. 2008년 9월 15일 월요일, 부채 6,130억 달러로 파산 신청을 한다. 미국 역사상 최대 규모의 파산이었다. 세계 경제가 무너졌고 수백만 명이 집을 잃었다. 실업률이 치솟았고 자살률이 올라갔다. 한 세대의 삶이 바뀌었다. 어떻게 이런 일이 가능했는가? 인센티브의 사슬을 따라가 보자. 맨 아래, 대출 브로커. 그는 대출을 성사시키면 수수료를 받는다. 대출자가 갚든 안 갚든 자기 수수료에 영향이 없다. 이미 받았으니까. 그래서 NINJA 대출이 나왔다. No Income, No Job, or Assets. 묻지마 대출이다. 소득, 직업, 자산 확인 없이 돈을 빌려줬다. 미친 짓인가? 브로커의 인센티브 안에서는 합리적인 행동이었다.

한 칸 위, 투자은행. 이 대출 수천 건을 묶어서 증권MBS으로 포장해 팔았다. 팔면 수수료를 받는다. 증권이 나중에 터지든 말든, 자기 수수료에 영향이 없다. 이미 받았으니까. 또 한 칸 위, 신용평가사. 이 증권에 등급을 매긴다. 그런데 등급을 의뢰하고 돈을 내는 건 투자은행이다. 나쁜 등급을 주면? 다음부터 의뢰가 안 온다. 옆 평가사에게 일감을 뺏긴다. 인센티브는 뻔하다. 쓰레기 더미에 AAA 금박을 입혀라. 꼭대기, 트레이더. 올해 보너스로 평가받는다. 단기 이익이 크면 수백만 달러 보너스. 내년에 폭탄이 터져도 보너스는 돌려주지 않는다. 인센티브는 단순하다. 올해만 생각하라. 그 누구에게도, 장기 리스크를 관리할 인센티브가 없었다. 각자는 자기 인센티브대로, 완벽하게 합리적으로 행동했다. 그 합리적 행동들이 모이자 세계 경제가 무너졌다.

INSIGHT

어떤 시스템이 문제를 일으켰을 때, "누가 잘못했는가" 대신 "누구에게도 막을 인센티브가 없었는가"를 물어라. 개인의 악의가 아니라 구조의 부재가 재앙을 만든다.

가장 불편한 질문

....

이 참사를 만든 사람들. 그들은 전부 악인이었는가? 아니다. 대부분은 아침에 아이를 학교에 데려다주고, 주말에 교회에 가고, 자선단체에 기부하는 사람들이었다. 그런데 인센티브 앞에서 그들은 갚을 능력이 없는 사람에게 대출을 팔았고, 독성 자산에 금박을 입혔고, 시한폭탄을 돌려가며 팔았다. 그리고 자기가 하는 일이 옳다고 믿었다. "시장이 원하는 것을 공급하는 것뿐이야." "금융 혁신이야." "모두가 하고 있어." 쓸개를 잘라낸 의사와 같은 구조다. 인센티브가 인지를 바꾼다. 자기에게 유리한 것을 "옳은 것"이라고 진심으로 믿게 만든다. 멍거는 이것을 인센티브가 야기한 편향incentive-caused bias이라 불렀다. 그들을 비난하기는 쉽다. 하지만 당신이 그 자리에 있었다면? 같은 급여를 받고, 같은 보너스 구조 안에 있고, 같은 동료들이 같은 일을 하고 있었다면? 당신은 다르게 행동했을 거라고 확신하는가?

> **INSIGHT**
>
> 오늘 당신이 내린 가장 중요한 결정 하나를 떠올려라. 그 결정이 성공하면 당신은 무엇을 얻는가? 그 보상이 결정을 왜곡하고 있지 않은지 물어라. 쓸개를 잘라낸 의사는 한 번도 불편하지 않았다.

금전등록기라는 도덕

....

19세기 후반, 미국. 가게 점원들이 일상적으로 계산대에서 돈을 훔쳤다. 주인이 훈계를 했다. 안 됐다. 벌을 줬다. 잠깐 줄었다가 다시 올라갔다. 감시를 강화했다. 감시 비용이 도둑맞는 금액보다 커졌다. 1879년, 오하이오 데이턴의 술집 주인 제임스 리티가 금전등록기를 발명했다. 원리는 단순했다. 모든 거래가 자동으로 기록된다. 돈을 빼면 기록과 안 맞아 즉시 발각된다. 그러자 도둑질이 급감했다. 사람이 갑자기 도덕적으로 변한 게 아니다. 훔쳐도 들키지 않을 가능성이 사라진 것이다. "들키지 않을 가능성"이 인센티브였고, 금전등록기가 그 인센티브를 제거한 것이다. 멍거는 이것을 도덕적 발명moral invention이라 불렀다.

> "우리는 금전등록기가 도덕에 기여한 바를 과소평가한다."
>
> — 『가난한 찰리의 연감』

설교 백 번보다, 금전등록기 한 대가 더 많은 도둑질을 막았다. CCTV가 범죄를 줄이고, 카드 결제가 탈세를 줄이고, 블록체인이 장부 조작을 줄인다. 전부 같은 원리다. 도덕이 무의미하다는 게 아니다. 도덕만으로는 부족하다는 것이다. 시스템이 나쁜 행동에 보상을 주면, 설교로는 이길 수 없다.

누군가의 행동을 바꾸고 싶다면, 설득하지 마라. 구조를 바꿔라. 설교 백 번보다 금전 등록기 한 대가 낫다. 당신 자신의 나쁜 습관도 마찬가지다. 의지를 다지지 말고, 나쁜 행동이 이득이 되지 않는 환경을 만들어라.

10만 달러

....

멍거와 버핏은 이 원리를 자기 자신에게도 적용했다. 버크셔 해서웨이에서 두 사람의 연봉은 10만 달러였다. 25년 넘게 동결. 월가 CEO 평균 연봉의 100분의 1 이하다. 대신 자기 순자산의 거의 전부를 버크셔 주식으로 보유했다. 버핏은 98% 이상. 이것이 의미하는 바는 다음과 같았다. 회사가 잘되면 두 사람도 잘된다. 회사가 망하면 두 사람도 망한다. 자기가 손해 보는 결정을 할 수가 없는 구조를 스스로 만든 것이다. "최선을 다하겠습니다"라고 다짐한 게 아니다. 최선을 다할 수밖에 없는 인센티브를 자기 자신에게 건 것이다.

반면 많은 CEO는 회사가 망해도 연봉이 나온다. 잘리면 수십억 원의 퇴직금을 받는다. 회사와 운명을 같이할 이유가 없다. 같은 인간이라도 인센티브 구조가 다르면 완전히 다른 행동을 한다. 인간의 본성이 다른 게 아니다. 설계가 다른 것이다.

당신도 그 안에 있다

....

의사, 중개인, 월가 트레이더, 점원. 전부 남의 이야기다. 하지만 당신도 매일 인센티브 안에 있다. 왜 그 과목을 선택했는가? 취업에 유리하니까. 왜 야근을 하는가? 일이 많아서가 아니라, 칼퇴하면 "열정이 없다"고 찍히니까. 야근 자체가 평가 기준이다. 왜 그 프로젝트를 밀고 있는가? 최선의 방향이라서? 아니면 그 프로젝트가 성공하면 당신의 보너스가 올라가니까? 만약 그 프로젝트가 성공해도 당신에게 아무 보상이 없다면, 그래도 밀겠는가? 실패하면 당신이 책임을 저야 한다면, 같은 결정을 내리겠는가?

우리는 자기 인센티브를 보지 못한다. 쓸개를 잘라낸 의사가 자기 인센티브를 보지 못했듯이. 인센티브는 남에게 작용하는 것은 잘 보인다. 자기에게 작용하는 것은 보기 어렵다.

왜 우리는 인센티브를 무시하는가

....

인센티브의 힘은 이토록 명백하다. 그런데 우리는 자꾸 무시한다. 행동은 보인다. 하지만 행동 뒤의 보상 구조는 보이지 않는다. 의사가 수술을 권한다. 보이는 것은 흰 가운과 전문가의 얼굴이다. 보이지 않는 것은 수술 한 건당 수백만 원이라는 숫자다. 그리고 우리는 자기 자신을 과대평가한다. "나는 인센티브에 흔들리지 않아." "나는 원칙이 있어." "나는 그런 사람이 아니야." 멍거도 그렇게 생각했다. 그리고 인정했다. 나도 과소평가했다고. 인센티브를 인정하면, 세상이 불편해진다. "의사가 나를 위해 최선을 다하고 있다"고 믿는 것이 편하다. "중개인이 좋은 가격을 받아줄 것이다"라고 믿는 것이 편하다. 인센티브를 보면 이 편안함이 깨진다. 그래서 안 보는 것이다. 하지만 안 보는 것과 없는 것은 다르다.

인센티브를 읽는 눈

....

멍거의 세계에서 가장 중요한 질문은 "왜?"가 아니다. "누가 이득을 보는가?"다. 뉴스를 볼 때. "왜 저런 정책을 발표했지?" 대신 "이 정책으로 누가 이득을 보는가?"를 물어라. 대부분의 정책은 그것으로 설명된다. 거래를 할 때. 그 사람의 조언이 성사되면 그 사람은 얼마를 버는가? 답이 크면, 그 조언은 당신을 위한 것이 아니다. 자기 자신을 볼 때. "이것을 하면 나는 무엇을 얻는가?"를 물어라. 답이 "올바른 일이니까"뿐이라면, 한 번 더 "정말?"이라고 물어라. 돈의 흐름을 따라가면 행동이 보인다. 행동이 보이면 결과가 예측된다. 결과가 예측되면, 당하지 않는다.

> **INSIGHT**
>
> 누군가의 행동이 이해되지 않을 때, "왜 저러지?"를 "이 사람의 인센티브는 뭐지?"로 바꿔보라. 돈의 흐름을 따라가면 행동이 보인다. 행동이 보이면 당하지 않는다.

멍거 더 읽기

- 『가난한 찰리의 연감』 투자서가 아니라 사고법 교과서   난이도 ★★★☆☆
- 『인간 오판의 심리학』 인간은 왜 바보 같은 결정을 하는가? 25가지 원인   난이도 ★★☆☆☆

탈레브의
도박

우리는 운을 실력이라 착각한다

05

Nassim
Nicholas Taleb

우리는 돈이라는 게임의 규칙을 보고 있다. 그런데 이 게임에서 "실력"이라
고 믿는 것의 정체는 무엇인가? 나심 탈레브는 불편한 답을 내놓는다. 당신
이 실력이라고 부르는 것의 상당 부분은 운이다. 그리고 당신은 그 차이를
구분할 수 없다.

1,000일째의 칠면조

....

칠면조 한 마리가 있다. 농장에서 태어났다. 첫날, 농부가 먹이를 줬다. 맛있었다. 다음 날도 줬다. 그다음 날도. 한 달이 지났고, 석 달이 지났고 1년이 지났다. 매일, 예외 없이, 정확한 시간에 먹이가 나왔다. 칠면조는 세상을 이해했다. "농부는 나를 사랑한다. 나를 돌본다. 내일도 먹이를 줄 것이다." 데이터가 이것을 뒷받침한다. 1,000일간의 데이터. 무결점. 100% 적중. 먹이가 안 나온 날은 단 하루도 없었다. 이보다 확실한 근거가 있는가? 그리고 1,001일째. 추수감사절에 칠면조는 도살된다. 1,000일의 데이터가 1,001일째를 예측해주지 않았다. 칠면조의 확신이 가장 강했던 바로 그 순간, 상황이 뒤집혔다. 이 비유를 만든 남자가 있다.

> **INSIGHT**
>
> 확신이 가장 강한 순간이 가장 위험한 순간일 수 있다. 칠면조의 확신은 1,000일째에 최고였다. 당신이 "이건 확실해"라고 느낄 때, 한 번만 물어라. 이 확신의 근거는 과거 데이터뿐인가.

월가의 이단아

....

나심 니콜라스 탈레브. 레바논 아미운 출신. 가문은 정치인과 지식인을 배출한 명문이었지만, 레바논 내전(1975-1990)이 모든 것을 무너뜨렸다. 어제까지 멀쩡했던 건물이 오늘 잔해가 되고, 어제까지 이웃이었던 사람이 오늘 적이 되는 세계. 예측할 수 없는 것이 일상인 곳에서 자란 소년에게, "세상은 안정적이고 예측 가능하다"는 말은 처음부터 거짓말이었다. 소년은 파리 대학과 와튼 스쿨을 거쳐 월가에 들어가, 20년 넘게 파생상품 트레이더로 일했다. 돈을 많이 벌었다. 특히 1987년 블랙먼데이 때 대박을 쳤다. 시장이 하루 만에 22% 폭락한 날. 모두가 공포에 질려 있을 때 탈레브는 폭락에 베팅해두고 있었다.

그런데 그는 금융계를 경멸했다. 상승장에서 돈을 번 트레이더들이 자기 실력으로 벌었다고 착각하는 게 역겨웠다. 시장이 올라가는데 주식을 샀으면 돈을 번다. 그게 실력인가? 2001년, 『행운에 속지 마라』. 2007년, 『블랙 스완』. 이듬해 2008년 금융위기가 터졌다. 월가가 무너지는 것을 보면서 사람들이 그의 책을 사기 시작했다. 예언이 아니었다. 구조를 읽은 것이었다. 칠면조가 도살되기 전에, 그는 이미 칠면조의 환상을 해부해두고 있었다.

"묘지를 들여다보라. 실패한 사람들의 묘지에도 성공한 백만장

자들과 똑같은 특성이 가득할 것이다. 용기, 리스크 감수, 낙관.
둘을 가른 것은 대부분 단 하나의 요인이다. 운. 순전한 운."

—『행운에 속지 마라』

돌아오지 않은 비행기

....

2차 세계대전 중 이야기다. 미군은 고민에 빠졌다. 폭격기가 너무 많이 격추된다. 비행기 전체에 장갑을 두르면 무거워서 날 수 없다. 일부만 보강해야 한다. 그렇다면 어디를 보강해야 할까? 살아 돌아온 비행기들을 조사했다. 동체와 날개에 총탄 자국이 집중되어 있었다. 결론은 명확해 보였다. 동체와 날개에 장갑을 추가하자. 통계학자 에이브러햄 왈드가 반대했다. "엔진과 조종석에 장갑을 추가해야 합니다." 장군들은 당황했다. 엔진과 조종석에는 총탄 자국이 거의 없는데?

왈드가 설명했다. "그래서입니다. 엔진과 조종석에 맞은 비행기는 돌아오지 못한 겁니다. 격추됐으니까. 지금 여러분이 보고 있는 건 살아남은 비행기뿐입니다. 사라진 비행기가 진짜 단서입니다." 우리가 보는 것은 살아남은 것뿐이다. 사라진 것은 보이지 않는다. 이것이 생존자 편향Survivorship Bias이다. 탈레브는 이것을 "침묵하는 증거Silent evidence"라고 불렀다. 증거가 없는 게 아니다. 증거가 침묵하고 있는 것이다.

당신이 보고 있는 것은 살아남은 것뿐이다. 살아남지 못한 것은 보이지 않는다. 성공 사례를 분석할 때, 같은 조건에서 실패한 사례를 먼저 찾아라. 찾을 수 없다면, 불완전한 증거로 판단하고 있는 것이다.

서점의 거짓말

....

성공한 CEO의 자서전. 10억 원을 만든 투자자의 비결. 부자가 된 사업가의 습관. 전부 같은 구조다. "나는 이렇게 했고, 이래서 성공했다. 당신도 이렇게 하면 된다." 우리는 그 책을 산다. 밑줄을 긋는다. 따라 해본다. 안 된다. "아직 노력이 부족한가 보다." 자신을 탓하지, 그 방법은 의심하지 않는다. 그 사람은 성공했으니까.

탈레브는 질문을 뒤집는다. 성공한 사업가 100명의 공통점을 찾았다고 하자. "리스크를 두려워하지 않았다." "과감하게 베팅했다." "남들이 안 된다고 할 때 밀어붙였다." 좋다. 이제 똑같이 리스크를 감수하고 과감하게 베팅했는데 망한 사람은 몇 명인가? 1만 명? 10만 명? 100만 명? 그들은 어디 있는가? 파산한 사업가는 자서전을 쓰지 않는다. 망한 투자자는 강연을 다니지 않는다. 전 재산을 베팅했다가 잃은 사람은 유튜브를 하지 않는다. 그들은 통계에 잡히지 않는다. 서점에도 없고 뉴스에도 없으며 알고리즘에도 없다. 침묵한다.

스티브 잡스는 대학을 중퇴하고 성공했다. 빌 게이츠도, 저커버그도 마찬가지다. 그래서 "중퇴하면 성공할 수 있다"는 이야기가 돌아다닌다. 하지만 대학을 중퇴한 사람 중 잡스처럼 된 사람이 몇 퍼센트인가? 나머지는 어디 있는가? 그들의 이야기는 왜 안 들리는가? 묘지는 조용하다.

러시안 룰렛의 백만장자

....

탈레브가 즐겨 쓰는 사고실험이 있다. 러시안 룰렛. 6발 중 1발이 장전된 리볼버를 관자놀이에 대고 방아쇠를 당긴다. 살아남으면 1,000만 원을 받는다. 어떤 남자가 있다. 10번 연속 살아남았다. 1억 원을 벌었다. 고급 아파트에 살며 외제차를 몬다. 그가 자서전을 쓴다. 제목은 "두려움 없이 방아쇠를 당기는 법." 강연을 다닌다. "나처럼 리스크를 감수하라." 유튜브 채널을 연다. "방아쇠 당기기 마스터 클래스." 구독자가 몰린다. 당신은 그의 조언을 따르겠는가? 바보 같은 질문이다. 당연히 안 된다. 러시안 룰렛은 살아남았다고 해서 현명한 선택이 되지 않는다.

그런데 현실에서 우리는 매일 이 조언을 따른다. 전 재산을 코인에 넣어서 부자가 된 사람의 이야기를 듣고 따라 한다. 안정적인 직장을 때려치우고 창업해서 성공한 사람을 보고 사표를 낸다. 같은 베팅을 하다가 전 재산을 잃은 수십만 명은 보이지 않는다. 사표를 내고 빚더미에 앉은 사람들은 보이지 않는다. 우리는 방아쇠를 당겨서 살아남은 사람에게 인생 상담을 받고 있다.

원숭이와 셰익스피어

....

원숭이 100만 마리에게 타자기를 준다. 마구 두드리게 한다. 대부분은 쓰레기를 쏟아낸다. asdfjkl. qwerty. 의미 없는 글자들. 하지만 100만 마리가 충분히 오래 치면, 확률적으로 그중 하나가 의미 있는 문장을 만들어낸다. "To be or not to be." 이 원숭이는 셰익스피어인가? 아니다. 숫자가 많았을 뿐이다. 1만 명의 펀드매니저가 있다. 매년 절반이 시장을 이기고 절반이 진다고 하자. 순전히 실력과 무관하게 동전 던지기로. 1년 후, 5,000명이 살아남는다. 2년 후, 2,500명. 3년 후, 1,250명. 5년 후, 약 300명. 10년 후, 약 10명. 이 10명은 "전설적인 투자자"가 된다. 블룸버그에 인터뷰한다. CNBC에 출연한다. 포브스에 실린다. 책을 쓴다. 『나의 투자 철학』. 강연료가 1억 원이 넘는다. 사람들이 묻는다. "비결이 뭔가요?"

그들은 대답한다. "시장을 읽는 눈이 필요합니다." "남들이 두려워할 때 욕심을 내야 합니다." "확신이 있으면 밀어붙여야 합니다." 그럴듯하게 들린다. 하지만 그들은 1만 마리의 원숭이 중 동전 던지기를 10번 연속 이긴 원숭이일 수 있다. 타자기를 친 원숭이 중 우연히 셰익스피어를 친 원숭이일 수 있다. 문제는, 본인도 그 차이를 모른다는 것이다. 10년간 이기면 진심으로 자기가 천재인 줄 안다. 운이 실력의 탈을 쓴다. 쓸 수밖에 없다. 인간의 뇌는 패턴을 찾도록 설계되어 있으니까. 무작위 속에서도 의미를 만들어내니까.

2000년대의 천재들

....

탈레브가 직접 목격한 이야기다. 2000년대 중반, 월가에는 천재들이 넘쳤다. 물리학 박사, 수학 박사 출신들이 복잡한 금융 모델을 만들었다. 퀀트Quant라 불렸다. 그들이 만든 모델은 완벽해 보였다. 리스크를 계산하고, 수익을 예측하고, 손실을 통제했다. 과거 데이터에 정확히 맞았다. 수십 년 치 백테스트를 통과했다. 그들은 해마다 엄청난 돈을 벌었다. 보너스가 수백만 달러였다. 그들은 자기가 시장을 정복한 줄 알았다. 탈레브는 그들을 보면서 칠면조를 떠올렸다. 1,000일간의 데이터에 완벽히 맞는 모델. 1,001일째에 무용지물이 될 모델.

2008년 9월, 리먼 브라더스가 파산했다. "100년에 한 번 일어날

일"이 일어났다. 천재들의 모델은 이 상황을 예측하지 못했다. 아니, 이 상황이 가능하다는 것조차 상정하지 않았다. 5년간 번 돈을 5일 만에 잃었다. 어떤 펀드는 하루아침에 증발했다. 그들은 칠면조였다. 1,000일간의 데이터를 믿고 1,001일째도 맞을 거라 확신한 칠면조.

> "검은 백조가 나타나기 전까지, 모든 백조는 흰색이라는 것이 당연한 진실이었다."
>
> — 『블랙 스완』

탈레브는 이것을 블랙 스완 Black Swan이라 불렀다. 과거 데이터에 없는, 예측 불가능한, 극단적 사건. 그리고 그 사건이 일어나고 나면, 모두가 말한다. "그럴 줄 알았어." 사후적으로는 필연처럼 보인다. 사전적으로는 아무도 몰랐으면서.

성공은 원인이 아니라 결과다

....

탈레브가 파헤친 또 하나의 함정. 서사 오류 narrative fallacy. 우리의 뇌는 무작위를 견디지 못한다. 패턴이 없으면 만들어낸다. 원인이 없으면 지어낸다. 특히 성공 앞에서. 성공한 사람의 과거는 어떻게 읽히는가?

- 고집이 있었다. → "뚝심."

- 무모했다. → "도전 정신."

- 세 번 망했다. → "포기하지 않는 근성."

- 학교를 그만뒀다. → "자기 길을 가는 용기."

- 사람들과 충돌했다. → "타협하지 않는 원칙."

같은 사람이 실패하면?

- 고집이 있었다. → "융통성 부족."

- 무모했다. → "판단력 부족."

- 세 번 망했다. → "학습 능력 부족."

- 학교를 그만뒀다. → "인내심 부족."

- 사람들과 충돌했다. → "사회성 부족."

똑같은 특성이다. 결과가 달라지면 해석이 뒤집힌다. 달라진 건 사람이 아니라 결과다. 스티브 잡스. 성공하기 전, 그는 "까다롭고 독선적인 사람"이었다. 자기가 만든 회사에서 쫓겨났다. 성공한 후, 그는 "완벽을 추구하는 비전가"가 됐다. 같은 사람, 같은 성격, 같은 행동. 결과가 해석을 결정했다. 우리는 사실의 나열을 그대로 보지 못한다. 반드시 거기에 이야기를 끼워 넣고, 인과관계를 만들어낸다. 성공한 사람의 과거는 "성공할 수밖에 없던 이야기"로 재구성된다.

실패한 사람의 과거는 "실패할 수밖에 없던 이야기"로 재구성된다. 항상 사후적으로.

> **INSIGHT**
>
> 누군가의 성공담을 들을 때, 특성과 결과를 분리하라. "과감했기 때문에 성공했다"가 아니라 "과감했는데 운이 따라서 성공했다"일 수 있다. 같은 과감함으로 망한 사람은 이야기를 들려줄 기회가 없다.

의사 A와 의사 B

....

의사 A가 수술을 한다. 환자가 살았다. 의사 B가 수술을 한다. 환자가 죽었다. 누가 더 나은 의사인가? 대부분은 A라고 답한다. 당연하지 않은가? 진실. 의사 A는 전날 술을 마시고 수술에 들어갔다. 손이 떨렸다. 기본 절차를 건너뛰었다. 하지만 운 좋게 환자의 상태가 좋았고, 몸이 버텨줬다. 의사 B는 완벽하게 준비했다. 모든 프로토콜을 따랐다. 최선의 판단을 내렸다. 하지만 환자의 상태가 이미 너무 안 좋았다. 누가 수술해도 살리기 어려웠다. 결과만 보면 A가 좋은 의사다. 과정을 보면 B가 좋은 의사다.

당신이 만약 수술을 받을 거라면 누구에게 받겠는가? 우리는 매일 이 실수를 한다. 결과가 좋으면 과정이 옳았다고 판단한다. 결과가 나쁘면 과정이 틀렸다고 판단한다. 하지만 좋은 과정이 나쁜 결과를 낳을 수 있고, 나쁜 과정이 좋은 결과를 낳을 수 있다. 운이 개입하기 때문이다.

당신의 성공, 당신의 착각

·········

좋은 대학에 갔다. 실력인가? 물론 공부를 열심히 했다. 하지만 좋은 학군에서 태어난 것은 당신이 선택한 건가? 교육열 있는 부모 아래서 자란 것은? 사교육을 받을 수 있는 경제력은? 건강한 몸으로 태어난 것은? 좋은 회사에 취직했다. 실력인가? 면접을 잘 봤다. 하지만 그해 채용이 많았던 것은? 면접관의 기분이 좋았던 것은? 당신 바로 직전에 면접 본 사람이 형편없었던 것은? 반대로, 원하는 대학에 못 갔다. 실력이 없어서인가? 아니면 그해 유난히 경쟁이 치열했던 건가? 시험 당일 컨디션이 안 좋았던 건가? 취업에 실패했다. 능력이 없어서인가? 졸업 시기가 불황과 겹친 건 아닌가?

우리는 성공하면 실력 덕분이라고 생각한다. 실패하면 운 탓이라고 생각한다. 남이 성공하면 운 덕분이라고 생각한다. 남이 실패하면 실력 탓이라고 생각한다. 전부 편향이다. 우리는 자기에게 유리한 해석을 자동으로 선택한다. 의식하지 못한 채. 진심으로 그렇게 믿으면서.

INSIGHT

> 당신의 성공에서 운이 작용한 순간을 세 가지만 꼽아보라. 태어난 나라, 부모의 지원, 졸업 시기, 면접관의 기분. 하나도 떠오르지 않는다면, 운을 실력으로 착각하고 있을 가능성이 높다.

버핏은 실력인가

....

그렇다면 워런 버핏은? 60년 넘게 시장을 이긴 사람. 역사상 가장 성공한 투자자 중 하나. 이건 분명 운만으로 설명할 수 없지 않은가? 탈레브도 이것을 단순한 운으로 치부하지는 않는다. 하지만 그는 이렇게 묻는다. 전 세계에 버핏과 비슷한 전략으로 투자한 사람이 얼마나 있었을까? 같은 방식으로 했는데 망한 사람은? 버핏만 살아남고 나머지는 묘지에 갔다면? 그리고 설령 버핏의 성공에 실력이 있다 하더라도, 그것을 배울 수 있는가?

버핏의 진짜 비결이 "1930년 미국 네브래스카에서 태어난 것"이라면? 대공황 직후의 극단적으로 저평가된 시장에서 시작한 것이라면? 미국 경제가 세계를 지배한 70년을 몸으로 산 것이라면? 이

건 배울 수 없고 재현할 수 없다. 시대가 다르고, 나라가 다르고, 시장이 다르다. 탈레브의 요점은 버핏에게 실력이 없다는 게 아니다. 실력과 운을 구분하기가 거의 불가능하다는 것이다. 그리고 우리는 항상, 예외 없이, 운의 역할을 과소평가한다.

운이 아니라 과신이 문제다

....

여기서 오해하면 안 된다. 탈레브는 "노력하지 마라"고 말하지 않는다. "운이 전부다"라고 말하는 것도 아니다. 노력은 확률을 높인다. 실력은 존재한다. 의사가 공부를 하면 환자를 살릴 확률이 높아진다. 사업가가 시장을 분석하면 성공 확률이 높아진다. 탈레브가 부정하는 건 노력의 가치가 아니다. 진짜 문제는 성공한 뒤에 온다. 성공하면 운의 역할을 잊는다. 전부 자기 실력이라고 믿는다. 겸손을 잃는다. 더 큰 리스크를 감수한다. 더 큰 베팅을 한다. 이전에는 조심했는데, 이제는 "내가 해봐서 아는데"가 시작된다.

그래서 망한다. 크게 망한다. 작게 성공한 것보다 훨씬 크게. 운이 좋았다는 것을 아는 사람은 조심한다. 다음에도 운이 따를 거라고 확신하지 않는다. 방어선을 유지한다. 운이 좋았다는 것을 모르는 사람은 과신한다. "나는 이 게임을 안다." "나는 시장을 읽을 수 있다." "이번에도 될 거야." 탈레브가 진짜 경고하는 것은 운이 아니다. 과신이다. 운은 통제할 수 없다. 하지만 과신은 통제할 수 있다.

"위험은 자기가 무엇을 하고 있는지 모르는 데서 온다."

— 워런 버핏

운의 편에 서는 법

....

탈레브의 세 가지 원칙은 아래와 같다.

첫째, 회복 불가능한 베팅을 하지 마라. 성공은 통제할 수 없다. 운에 달려 있다. 하지만 실패의 크기는 통제할 수 있다. 전 재산을 한 곳에 넣지 마라. 한 번 잃으면 다시 일어날 수 없는 베팅을 하지 마라. 러시안 룰렛은 하지 마라. 아무리 보상이 커도. 살아남은 사람이 있어도.

둘째, 기회의 수를 늘려라. 한 번의 대박을 노리지 마라. 여러 번의 작은 시도를 하라. 실패해도 다시 일어날 수 있어야 한다. 원숭이 100만 마리 중 하나가 셰익스피어를 쳤다. 핵심은 100만 마리였다는 것이다. 기회가 많으면 운이 끼어들 여지가 생긴다. 기회가 하나뿐이면 운이 끼어들 틈이 없다.

셋째, 결과가 아니라 과정을 판단하라. 성공했을 때 "내 판단이 옳았으니까"라고 결론 내지 마라. 운이 도왔을 수 있다. 실패했을 때 "내가 틀렸으니까"라고 결론 내지 마라. 과정이 옳았을 수 있다. 결과와 과정을 분리하는 능력. 이것이 탈레브가 말하는 진짜 실력이다.

탈레브 더 읽기

- 『**행운에 속지 마라**』 그 성공, 실력인가 운인가? 탈레브의 출발점   난이도 ★★★☆☆
- 『**블랙 스완**』 예측 불가능한 극단적 사건이 세상을 바꾼다   난이도 ★★★★☆
- 『**안티프래질**』 불확실성에서 오히려 이득을 얻는 법. 가장 실용적이다   난이도 ★★★★☆

슘페터의
파괴

게임판은 영원하지 않다

06

Joseph
Schumpeter

자본주의는 안정적인 체제인가? 조지프 슘페터는 아니라고 답했다. 자본주의는 끊임없이 자기 자신을 파괴하고 다시 만드는 체제다. 슘페터처럼 생각한다는 것은, "어떻게 하면 살아남지?"를 묻기 전에 "지금 이 게임판이 얼마나 남았는가?"를 묻는 것이다.

제국이 기념품 가게가 된 이유

....

전 세계 9,000개 매장. 직원 84,000명. 연 매출 60억 달러. 블록버스터Blockbuster. 한때 미국 최대의 비디오 대여 기업이었다. 금요일 밤이면 미국인들은 블록버스터에 들러 비디오를 골랐다. 선반 사이를 걸으며 케이스를 뒤지고, 하나를 골라 계산대에 섰다. 그러나 지금은 오리건주의 작은 마을에 한 곳이 남았다. 관광객이 사진을 찍으러 온다. 수입의 대부분이 기념품 판매다. 제국이 기념품 가게가 됐다. 블록버스터를 죽인 것은 무엇인가? 더 큰 비디오 대여점이 아니다. 더 싼 비디오 대여점이 아니다. 비디오 대여라는 게임 자체가 사라진 것이다.

1997년, 리드 헤이스탕스는 넷플릭스Netflix를 창업했다. 처음에는 DVD를 우편으로 배달했다. 2007년, 온라인 스트리밍으로 전환했다. 가게에 갈 필요가 없다. DVD를 기다릴 필요가 없다. 클릭 한 번에 즉시 재생이 된다. 블록버스터는 더 좋은 비디오 대여점이 되려고 노력했다. 매장을 리모델링하고, 가격을 낮추고, 서비스를 개선했다. 열심히 했다. 하지만 이미 게임이 바뀌어 있었다. 비디오를 빌리러 가게에 가는 행위 자체가 소멸하고 있었다. 아무리 좋은 비디오 대여점이 되어도, 사람들이 더 이상 비디오를 빌리지 않으면 의미가 없다.

2000년, 기회가 있었다. 넷플릭스의 창업자들이 블록버스터 본사를 찾아갔다. 회사를 5천만 달러에 사달라고 제안했다. 블록버스터는 웃으며 거절했다. 우편으로 DVD를 보내는 회사가 뭐가 대수냐고. 그러나 2010년, 블록버스터는 파산했고 2026년 현재, 넷플릭스 시가총액은 약 3,000억 달러다.

승마 채찍의 교훈

....

이 이야기에서 핵심은 넷플릭스가 아니다. 핵심은 블록버스터가 멍청해서 진 게 아니라는 것이다. 블록버스터는 자기 게임 안에서는 1등이었다. 비디오 대여 시장에서 가장 많은 매장, 가장 넓은 회원 기반, 가장 강한 브랜드. 자기 게임의 규칙 안에서 완벽하게 플레이하고 있었다. 문제는 게임 자체가 바뀐 것이다.

1900년대 초, 승마 채찍을 만드는 회사들이 있었다. 최고급 가죽, 완벽한 균형, 장인의 솜씨. 그들은 더 좋은 채찍을 만들려고 경쟁했다. 더 가볍게, 더 튼튼하게, 더 우아하게. 그러는 사이, 자동차가 나왔다. 말이 사라졌다. 세계 최고의 승마 채찍은 쓸모가 없어졌다. 승마 채찍 회사들의 실수는 채찍을 못 만든 게 아니다. 채찍이 필요 없어지고 있다는 것을 보지 못한 게 실수다. 이것을 100년 전에 정확하게 설명한 남자가 있다.

조지프 슘페터

....

조지프 알로이스 슘페터. 오스트리아 출신의 경제학자. 그의 삶은 소설이다. 그는 모라비아(지금의 체코)에서 태어났다. 아버지는 방직 공장주였고 네 살 때 죽었다. 어머니가 장군과 재혼하면서 빈의 상류 사회에 진입했다. 빈 대학에서 법학과 경제학을 공부했다. 스물다섯에 첫 책을 냈고 서른에 그라츠 대학의 최연소 교수가 됐다. 여기까지는 평범한 천재의 이력인데 그 이후가 보통이 아니다. 슘페터에게는 세 가지 인생 목표가 있었다고 전해진다. 유럽 최고의 경제학자가 되는 것. 오스트리아 최고의 기수(騎手)가 되는 것. 그리고 빈 최고의 연인이 되는 것. 나중에 그는 "세 가지 중 두 가지는 이뤘다"고 말했는데, 어떤 두 가지인지는 밝히지 않았다.

1차 세계대전 후 오스트리아 재무장관이 됐다. 7개월 만에 경질됐다. 은행장이 됐다. 은행이 파산했다. 개인 재산도 날렸다. 학계로 돌아갔다. 1932년 하버드로 건너갔다. 하버드에서 케인스의 그림자와 싸웠다. 당시 경제학계는 케인스가 지배하고 있었다. 대공황의 해법을 내놓은 케인스가 스타였고, 슘페터는 비주류였다. 1950년 세상을 떠났을 때 그의 이름은 케인스의 그림자에 가려져 있었다. 하지만 시간이 흐르면서 역전됐다. 21세기, "혁신innovation"이 경제의 중심어가 되면서, 슘페터는 되살아났다. 실리콘밸리가 그를 재발견했다. 스타트업 창업자들이 그의 개념을 입에 달고 다녔다. 슘페터가 죽고 반세기가 지나 그의 시대가 왔다. 그가 남긴 가장 강력한 개념.

> "자본주의의 근본적 충동은 새로운 소비재, 새로운 생산 방법, 새로운 시장, 새로운 산업 조직 형태에서 온다. 이 과정은 끊임없이 경제 구조를 내부로부터 혁명화한다. 끊임없이 낡은 것을 파괴하고, 끊임없이 새로운 것을 창조한다. 이 창조적 파괴Creative Destruction의 과정이야말로 자본주의에 대해 알아야 할 본질적 사실이다."
>
> ― 『자본주의, 사회주의, 민주주의』

창조적 파괴

....

창조적 파괴Creative Destruction. 이름부터 모순이다. 창조와 파괴. 만드는 것과 부수는 것. 어떻게 동시에 가능한가? 슘페터는 이렇게 봤다. 새로운 것이 만들어지면, 그것이 자동으로 낡은 것을 파괴한다. 자동차가 마차를 파괴한다. 스마트폰이 카메라를, 지도를, 시계를, MP3 플레이어를, 손전등을, 계산기를 파괴한다. 넷플릭스가 블록버스터를 파괴한다. 새로운 것을 만들기 위해 낡은 것을 부수는 게 아니다. 새로운 것이 존재하는 것 자체가 낡은 것의 파괴다. 이것이 자본주의의 엔진이라고 슘페터는 말했다. 가격 경쟁이 아니다. 품질 경쟁이 아니다. 진짜 경쟁은 "완전히 새로운 것의 등장"이다.

"자본주의의 경쟁에서 중요한 것은 가격 경쟁이 아니라, 새로운 상품, 새로운 기술, 새로운 공급원, 새로운 유형의 조직에 의한 경쟁이다. 이 경쟁은 기존 기업의 이윤 마진이나 산출량에 타격을 주는 것이 아니라, 그 기초와 생명 자체에 타격을 준다."

— 『자본주의, 사회주의, 민주주의』

"기초와 생명 자체에 타격을 준다." 이 문장이 핵심이다. 10% 더 싸게 파는 경쟁자는 당신의 이윤을 줄인다. 하지만 게임판을 뒤엎는 혁신가는 당신의 존재 자체를 없앤다. 블록버스터에게 넷플릭스가 그랬다. 노키아에게 아이폰이 그랬다.

> **INSIGHT**
>
> 경쟁자가 가격을 낮추면 긴장하되 안심하라. 그러나 경쟁자가 게임 자체를 바꾸면 그때 두려워하라.

코닥의 비극

....

코닥Kodak. 필름 카메라의 왕. 100년 넘게 사진 산업을 지배했다. 전성기에 직원이 무려 14만 5천 명이었고, 세계 필름 시장의 90%를 장악했었다. 아이러니한 사실은, 디지털 카메라를 처음 발명한 것은 코닥이다. 1975년, 코닥의 엔지니어 스티븐 새슨Steven Sasson이 최초의 디지털 카메라를 만들었고 사내에 보고했다. 경영진의 반응은 이랬다. "이걸 왜 보여주는 건가? 아무에게도 말하지 마라." 그 이유는? 필름이 돈이었다. 코닥의 수익 구조는 필름 판매에 의존했다. 카메라는 면도기 손잡이고, 필름은 면도날이었다. 카메라를 싸게 팔고, 필름을 계속 사게 하는 구조. 디지털 카메라가 퍼지면? 필름이 필요 없어져서 수익 모델이 증발한다. 코닥은 디지털 카메라를 볼 수 있었다. 볼 수 있었을 뿐 아니라, 직접 만들었다. 하지만 도입할 수 없었다. 자기 자신을 파괴하는 것이었으니까.

슘페터의 용어로 말하면, 코닥은 자기 자신에게 창조적 파괴를 실행할 수 없었다. 새로운 게임판이 오고 있다는 것을 알면서도, 현재의 게임판에서 너무 많이 벌고 있었기 때문에 바꿀 수 없었다. 2012년, 코닥 파산. 스마트폰의 카메라가 디지털 카메라마저 삼키고 있는 시점이었다. 코닥이 막으려 한 파괴가, 결국 코닥을 삼켰다. 자기가 하지 않으면 누군가 한다. 이것이 창조적 파괴다.

INSIGHT

코닥은 미래를 봤다. 직접 만들기까지 했다. 그런데도 파산했다. 보는 것과 바꾸는 것은 다르다. 가장 어려운 파괴는 자기 자신을 파괴하는 것이다.

기업가라는 존재

....

슘페터는 새로운 경제 주체를 세웠다. 기업가^{entrepreneur}. 고전 경제학에서 경제는 균형의 세계다. 수요와 공급이 만나서 가격이 결정되고, 시장은 효율적으로 자원을 배분한다. 안정적이고, 예측 가능하고, 깔끔하다. 슘페터는 이것을 뒤집었다. 경제의 진짜 동력은 균형이 아니라 불균형이다. 안정이 아니라 파괴다. 그리고 그 파괴를 일으키는 존재가 기업가다. 슘페터의 기업가는 사업을 운영하는 사람이 아니다. 새로운 조합을 만들어내는 사람이다. 기존의 자원, 기술, 방법을 전혀 다른 방식으로 결합하는 사람.

헨리 포드는 자동차를 발명하지 않았다. 자동차는 이미 있었다. 조립 라인도 이미 있었다. 포드가 한 것은 조립 라인을 자동차 생산에 적용한 것이다. 새로운 조합. 이 조합이 자동차를 부자의 장난감에서 대중의 이동 수단으로 바꿨다. 그리고 마차 산업을 파괴했다. 마차 제조업자, 마부, 마구간, 건초 공급업자, 도로 위의 말똥을 치우는 사람까지. 하나의 새로운 조합이 하나의 세계를 파괴하고 새로운 세계를 만들었다.

스티브 잡스도 마찬가지다. 터치스크린은 이미 있었다. 인터넷은 이미 있었다. 음악 플레이어는 이미 있었다. 카메라는 이미 있었다. 잡스가 한 것은 이것들을 하나의 물건에 집어넣은 것이다. 아이폰. 새로운 조합. 이 조합이 노키아를, MP3 플레이어를, 콤팩트 카메라를, 개인 내비게이션을, 손목시계 산업을 동시에 파괴했다. 슘페터의 기업가는 더 잘하는 사람이 아니다. 다르게 하는 사람이다. 기존의 경쟁에서 이기는 사람이 아니라, 기존의 경쟁을 무의미하게 만드는 사람이다.

파괴의 고통

....

여기서 아름다운 이야기만 하면 거짓말이다. 창조적 파괴에는 고통이 따른다. 자동차가 나왔을 때, 마부는 어떻게 됐는가? 실직했다. 마차 제조업자는? 폐업했다. 수십 년간 갈고닦은 기술이 하루아침에 쓸모없어졌다. 아이폰이 나왔을 때, 노키아의 직원 수만 명은 어떻게 됐는가? 해고됐다. 새로운 세계가 열릴 때, 낡은 세계의 사람들은 바닥에 내팽개쳐진다. 슘페터는 이것을 알고 있었다. 창조적 파괴의 "파괴"는 은유가 아니다. 사람들의 일자리가, 생계가, 정체성이 실제로 파괴된다.

그래서 모든 시대에 창조적 파괴를 막으려는 시도가 있다. 택시 산업이 우버를 막으려 했다. 호텔 산업이 에어비앤비를 막으려 했다. 음반 산업이 MP3를 막으려 했다. 기존 산업은 규제를 요구하고, 로비를 하고, 법을 바꾸려 한다. 슘페터는 이 고통을 부정하지 않았다. 하지만 막을 수 없다고 봤다. 파괴를 막으면 혁신도 멈추고, 혁신이 멈추면 경제가 멈추고, 경제가 멈추면 모두가 가난해진다. 창조적 파괴는 자본주의의 비용이자 원동력이다. 한쪽만 취할 수 없다.

독점의 역설

....

슘페터는 한 발 더 나간다. 불편한 이야기. 혁신의 동기는 무엇인가? 세상을 바꾸겠다는 이상? 인류를 위한 공헌? 아니다. 독점이다. 슘페터는 혁신의 진정한 보상은 일시적 독점 이윤이라고 말한다. 새로운 게임판을 만들면, 잠시 동안 그 게임판 위에 혼자 서 있게 된다. 경쟁자가 없다. 가격을 내가 정한다. 이윤이 폭발한다. 이 일시적 독점의 이윤이 혁신의 보상이자 동기다. 아이폰이 처음 나왔을 때, 스마트폰 시장에 애플밖에 없었다. 이윤이 엄청났다. 경쟁자들이 따라오기까지 몇 년이 걸렸다. 그 몇 년간의 독점 이윤이 애플을 세계 최대의 기업으로 만들었다.

모두가 같은 것을 같은 가격에 파는 시장, 경제학 교과서에서는 이상적이다. 하지만 슘페터는 이 시장에서는 혁신이 태어나지 않는다고 봤다. 새로운 것을 만들 여유도 동기도 없다. 이윤이 0이니까.

독점이 나쁘다는 상식과 충돌한다. 하지만 슘페터는 말한다. 일시적 독점은 혁신의 엔진이다. 문제는 독점 자체가 아니라 독점이 영구화되는 것이다. 새로운 혁신가가 등장해서 기존 독점을 파괴하고 새로운 독점을 만들고, 그것이 또 파괴되는 순환. 이것이 건강한 자본주의다.

> **INSIGHT**
>
> 지금 당신이 잘하고 있는 것. 그것이 영원할 거라고 생각하지 마라. 게임판은 바뀐다. 바뀌기 전에 다음 게임판을 준비하는 자가 살아남는다.

파괴는 계속된다

....

슘페터가 죽은 지 76년이 지났다. 그의 예언은 매일 현실이 되고 있다. AI가 프로그래머를 대체할 수 있다. 자율주행이 택시 기사를 대체할 수 있다. 로봇이 공장 노동자를 대체하고 있다. ChatGPT가 나온 뒤, "이 직업이 5년 후에도 있을까?"라는 질문을 하지 않는 사람이 있는가? 슘페터라면 이렇게 말할 것이다. 당연하다. 이것이 자본주의다. 자본주의는 안정적인 체제가 아니다. 끊임없이 자기 자신을 파괴하고 재창조하는 체제다. 그것이 자본주의의 강점이자 잔인함이다.

창조적 파괴는 블록버스터의 8만 4천 명에게도, 지금 AI로 일자리를 위협받는 사람들에게도 아름다운 단어가 아니다. 하지만 슘페터의 메시지는 비관이 아니다. 파괴는 온다. 막을 수 없다. 그러니 질문을 바꿔라. "어떻게 하면 파괴당하지 않을까?"가 아니라, "어떻게 하면 파괴하는 쪽에 설 수 있을까?"로. 더 좋은 채찍을 만들지 마라. 자동차를 봐라.

INSIGHT

블록버스터는 망하기 5년 전이 가장 잘 나가던 시절이었다. 가장 좋은 채찍을 만드는 회사가 가장 늦게 자동차를 본다. 지금 잘 되고 있다면, 한 번 물어보라. 이 게임판은 5년 후에도 존재하는가.

 슘페터 더 읽기

• 『자본주의, 사회주의, 민주주의』 창조적 파괴의 출처   난이도 ★★★★☆

틸의
독점

경쟁은 패자들의 게임이다

07

Peter Andreas
Thiel

우리는 경쟁하라고 배웠다. 더 열심히, 더 잘, 더 빨리. 1등을 하라. 이겨라.
그러나 피터 틸은 정반대를 말한다. 경쟁 자체가 함정이다. 이기는 유일한
방법은 경쟁하지 않는 것이다. 틸처럼 생각한다는 것은, "어떻게 이기지?"
를 묻기 전에 "이 싸움을 왜 하고 있지?"를 묻는 것이다.

똑같은 식당들

....

당신이 사는 동네에 식당이 있다. 비빔밥집이다. 맛은 괜찮다. 가격도 적당하다. 그런데 옆에 또 비빔밥집이 있다. 건너편에도 있다. 골목을 돌면 하나 더 있다. 다 비슷하다. 비슷한 메뉴, 비슷한 가격, 비슷한 인테리어. 이들은 어떻게 경쟁하는가? 500원을 깎는다. 반찬을 하나 더 준다. 쿠폰을 돌린다. 배달 앱에서 별점을 관리하고, 리뷰를 부탁하고, 아침부터 밤까지 일한다. 그래도 마진은 얇다. 한 집이 500원을 내리면 옆집도 내린다. 그러면 또 내린다. 바닥을 향한 경주다.

지금 이 순간에도 전국에서 수만 개의 식당이 이 경쟁을 하고 있다. 열심히 한다. 진심으로 한다. 하지만 대부분은 오래 버티지 못한다. 3년 뒤 절반이 사라진다. 5년 뒤에는 열에 넷만 남는다. 이들이 게으른가? 아니다. 능력이 없는가? 아니다. 문제는 다른 곳에 있다. 비빔밥집 네 곳이 같은 골목에서 경쟁하고 있다면, 누가 이기든 남는 게 거의 없다. 이기는 것이 가능 하더라도, 이긴 뒤에 손에 쥐는 것이 없는 게임. 한 남자가 이 게임의 정체를 꿰뚫어봤다.

> 열심히 하는데 남는 게 없다면, 당신의 문제가 아니라 게임의 문제일 수 있다. 같은 골목에서 같은 메뉴로 경쟁하면, 이겨도 남는 게 없다. 더 열심히 하기 전에 물어라. 이 게임은 이길 가치가 있는 게임인가.

페이팔 마피아의 대부

....

피터 틸. 독일 태생, 미국에서 자란 기업가이자 투자자. 스탠퍼드 대학에서 철학을 전공했다. 법학대학원을 졸업하고 변호사가 됐다. 연방대법원 서기직에 지원했지만 떨어졌다. 나중에 그는 이것을 인생 최고의 행운이라고 말했다. 서기직에 붙었다면, 변호사로 경쟁하느라 자기 길을 찾지 못했을 거라고. 1998년, 맥스 레브친과 함께 페이팔PayPal을 공동 창업했다. 온라인 결제 시스템. 2002년, 이베이에 15억 달러에 매각했다. 틸의 몫은 약 5,500만 달러. 그 다음이 전설의 시작이다.

2004년, 페이스북에 50만 달러를 투자했다. 외부 투자자로는 최초. 마크 저커버그가 하버드 기숙사에서 만든 웹사이트였다. 그 투자금은 나중에 10억 달러 이상의 가치가 됐다. 팔란티어Palantir를 공동 창업하고, 파운더스 펀드Founders Fund를 설립해 스페이스X, 에어비앤비, 스포티파이, 스트라이프 등에 초기 단계부터 투자했다. 페이팔 출신들 — 일론 머스크(테슬라, 스페이스X), 리드 호프만(링크드인),

채드 헐리(유튜브), 제러미 스토플먼(옐프) 등 ─ 이 실리콘밸리를 지배하게 되면서, 이 그룹은 "페이팔 마피아"로 불렸다. 틸은 그 마피아의 대부였다. 2014년, 틸은 스탠퍼드에서 강의한 내용을 책으로 펴냈다. 『제로 투 원Zero to One』이 책이 던지는 첫 번째 메시지.

"경쟁은 패자들의 게임이다Competition is for losers."

─『제로 투 원』

완전 경쟁이라는 지옥

·········

틸의 논리를 따라가보자. 경제학 교과서를 펴면, 완전 경쟁 시장이 효율적이라고 나온다. 많은 기업이 동일한 제품을 팔고, 가격은 한계비용까지 내려가고, 소비자는 최저 가격으로 상품을 얻는다. 교과서적으로 아름답다. 그러나 틸은 묻는다. 그 시장 안에 있는 기업은 어떤가? 완전 경쟁 시장에서 기업의 이윤은 0이다. 정확히 0. 가격이 비용까지 내려가니까. 차별화가 없으니까. 내가 1,000원에 팔면 옆집도 1,000원에 판다. 내가 999원에 내리면 옆집도 999원에 내린다. 끝없이 깎인다. 마지막에 남는 건? 아무것도 없다. 동네 비빔밥 집이 그렇다. 택시 기사들의 경쟁이 그렇다. 배달 라이더들의 경쟁이 그렇다. 수백 명이 같은 일을 같은 방식으로 하면서 서로 조금이라도 더 싸게, 더 빠르게, 더 많이 하려고 소모전을 벌인다. 교과서는 이것을 "효율적"이라고 부른다. 소비자에게는 좋다. 하지만 그 안에 있는 사람에게는?

독점의 비밀

....

틸의 답. 경쟁의 반대편에 서라. 독점하라. "독점"이라는 단어는 부정적으로 들린다. 공정거래법 위반. 소비자 착취. 재벌의 횡포. 틸이 말하는 독점은 그것이 아니다. 틸의 독점은 "당신만이 할 수 있는 것을 해서, 경쟁자가 없는 시장을 만드는 것"이다.

> "모든 행복한 기업은 다르다. 각각이 독특한 문제를 해결함으로
> 써 독점을 만들었다. 모든 불행한 기업은 같다. 차별화에 실패한
> 것이다."
>
> —『제로 투 원』

톨스토이의 패러디다. "행복한 가정은 모두 비슷하고, 불행한 가정은 저마다의 이유로 불행하다." 틸은 이것을 뒤집었다. 성공한 기업은 각각 다르다. 실패한 기업은 전부 같다. 차별화 없이 경쟁했다. 구글. 검색 시장에서 구글의 점유율은 90% 이상이다. 경쟁자가 사실상 없다. 구글은 검색 광고에서 막대한 이윤을 낸다. 그 이윤으로 자율주행차를 만들고, AI를 연구하고, 안드로이드를 무료로 배포한다.

독점이 만들어낸 이윤이 미래를 위한 투자가 된다.

항공 산업. 미국 항공사들은 매년 수천억 달러의 매출을 올린다. 하지만 이익률은 처참하다. 틸이 인용한 수치에 따르면, 2012년 기준 항공 여객 한 명당 이윤은 37센트였다. 콜라 한 캔보다 싸다. 왜? 항공사들은 서로 경쟁하기 때문이다. 같은 노선을 같은 비행기로 날면서 가격을 깎는다. 구글 한 회사가 미국 항공 산업 전체보다 더 많은 이윤을 낸다. 이것이 독점과 경쟁의 차이다.

> **INSIGHT**
>
> "남들과 다른 것을 하라"는 조언은 흔하다. 하지만 틸의 포인트는 더 날카롭다. 남들과 다른 것을 하는 것은 시작일 뿐이다. 핵심은 남들이 따라 할 수 없는 것을 하는 것이다. 차별화는 일시적이다. 따라 할 수 없는 차별화만이 독점이다. 당신이 하는 일에서, 남들이 따라 하기 어려운 것은 무엇인가? 그것이 없다면, 당신의 차별화는 시간 문제로 사라진다.

0에서 1로

....

세상에는 두 종류의 진보가 있다. 1 to n. 이미 있는 것을 복제하는 것. 비빔밥집이 하나 더 생기는 것. 자동차가 있으니 공장을 하나 더 짓는 것. 기존 모델을 10개, 100개, 1,000개로 늘리는 것. 수평적 확장. 세계화. 0 to 1. 없던 것을 만드는 것. 타자기가 있는 세상에서 워드프로세서를 만드는 것. 말을 타던 세상에서 자동차를 만드는 것.

기존의 개선이 아니라, 차원이 다른 도약.

> "1에서 n으로 가는 것은 수평적 진보다. 이미 작동하는 것을 복
> 제하는 것이다. 0에서 1로 가는 것은 수직적 진보다. 완전히 새로
> 운 무언가를 만드는 것이다."
>
> —『제로 투 원』

대부분의 사업은 1 to n이다. 이미 있는 것을 약간 더 좋게, 약간
더 싸게, 약간 더 편리하게. 그리고 치열하게 피를 흘리며 경쟁한다.
그러나 0 to 1은 경쟁이 없다. 없던 것을 만들었으니까. 시장에 혼자
서 있으니까. 가격을 내가 정할 수 있으니까. 이것이 틸이 말하는 독
점의 출발이다. 그런데 0 to 1은 어떻게 가능한가? 틸은 하나의 질문
을 던진다.

반대되는 질문

....

틸이 면접에서, 투자 미팅에서, 강의에서 반복적으로 던지는 질문.

> "대부분의 사람이 동의하지 않는, 당신만이 믿는 중요한 진실은
> 무엇인가?"
>
> —『제로 투 원』

이 질문이 왜 강력한가? 모든 사람이 동의하는 것은 이미 시장에 반영되어 있다. "AI가 중요하다"는 것은 모두가 안다. 그래서 모두가 AI에 투자한다. 경쟁이 치열하다. 이윤이 줄어든다. 그렇기에 모든 사람이 동의하지 않는 것(하지만 실제로는 맞는 것)을 아는 사람만이 0 to 1을 만들 수 있다. 2004년, 페이스북이 등장했을 때 대부분의 사람은 "SNS? 마이스페이스MySpace가 이미 있잖아"라고 했다. 그러나 틸은 달랐다. 하버드 학생들만 쓰는 폐쇄적 네트워크에서 뭔가 다른 것을 봤다. 2008년, 비트코인 백서가 나왔을 때 대부분의 사람은 "디지털 화폐? 말도 안 돼"라고 했다. 거기에 가치를 본 소수만이 달랐다. 테슬라가 전기차를 만들 때 대부분의 사람은 "전기차는 골프 카트"라고 했다. 모두가 아니라고 할 때, 맞는 것. 그것을 찾는 것이 0 to 1이다.

INSIGHT

"대부분의 사람이 동의하지 않는, 나만이 믿는 중요한 진실은 무엇인가?" 이 질문에 바로 답할 수 있는 사람은 거의 없다. 답하지 못해도 괜찮다. 이 질문을 품고 다니는 것만으로 방향이 바뀐다. 경쟁에서 독점으로.

독점의 네 가지 조건

....

틸은 지속 가능한 독점의 조건을 네 가지로 제시한다.

- 첫째, 독자적 기술proprietary technology. 기존보다 10배 이상 나은 기술. 10%가 아니다. 10배. 10% 개선은 마케팅으로 설명해야 한다. 10배 차이는 설명이 필요 없다. 구글의 검색 알고리즘은 기존 검색 엔진보다 압도적으로 좋았다. 설명할 필요 없이 써보면 알았다.

- 둘째, 네트워크 효과network effects. 사용자가 늘어날수록 가치가 커지는 구조. 페이스북은 친구들이 많을수록 좋다. 카카오톡은 주변 사람들이 쓸수록 좋다. 혼자 쓰면 가치가 없지만, 모두가 쓰면 떠날 수 없다.

- 셋째, 규모의 경제economies of scale. 커질수록 비용이 줄어드는 구조. 소프트웨어가 전형적이다. 코드를 한 번 짜면 사용자가 100명이든 1억 명이든 추가 비용이 거의 없다. 비빔밥집은 정반대다. 손님이 100명이면 100그릇을 만들어야 한다. 규모가 커져도 비용이 따라 커진다.

- 넷째, 브랜드branding. 하지만 틸은 경고한다. 브랜드만으로는 독점이 안 된다. 브랜드는 실체 위에 쌓아야 한다. 애플의 브랜드가 강한 것은 제품이 실제로 좋기 때문이다. 실체 없이 브랜드만 앞세운 기업은 오래가지 못한다. 기술이 없는 브랜드는 포장지만 화려한 빈 상자다.

네 가지 중 하나만으로 독점이 되지는 않는다. 여러 개가 겹칠 때 깨지지 않는 성벽이 된다.

경쟁은 이데올로기다

....

경쟁이 좋은 것이라고 우리는 배웠다. 학교에서. 사회에서. 경쟁이 혁신을 낳고, 효율을 높이고, 최선을 끌어낸다고. 더 열심히 경쟁할수록 더 좋은 결과가 나온다고. 틸은 이것이 이데올로기라고 말한다. 사실이 아니라 믿음이라고.

"경쟁적 생태계는 사람들을 무자비함, 혹은 죽음으로 밀어 넣는다."

— 『제로 투 원』

학교를 보라. 초등학교부터 대학까지, 우리는 같은 과목을, 같은 방식으로, 같은 시험으로 경쟁한다. 수학 점수 1점, 영어 점수 1점을 더 받기 위해 밤을 새운다. 1등급과 2등급의 차이. 0.5점의 차이. 수백 명이 같은 시험지 위에서 싸운다. 그리고 대학에 간다. 같은 스펙을 쌓는다. 같은 자격증을 딴다. 수천 명이 같은 공고에 지원한다. 이것은 교육이 아니라 분류 시스템이라고 틸은 말한다. 누가 더 잘 순응하는지를 테스트하는 시스템. 독창적인 사고를 하는 사람을 찾는 시스템이 아니라, 주어진 경쟁을 더 잘 수행하는 사람을 찾는 시스템.

틸 자신이 그랬다. 스탠퍼드 로스쿨을 졸업한 뒤, 최고의 로펌에 들어가는 것이 목표였다. 그래서 들어갔지만 7개월 3일 만에 그만뒀다. 그는 나중에 "바깥에서는 모두가 들어가고 싶어 했고, 안에서는 모두가 나가고 싶어 했다"고 말했다. 연방대법원 서기직에 떨어진 것이 인생 최고의 행운이었다고 했다. 이겼으면 경쟁의 다음 단계로 빨려 들어갔을 테니까.

INSIGHT

당신이 치른 시험들, 딴 자격증들, 쌓은 스펙들. 그중 어떤 것이 "나만의 것"이었는가? 대부분이 "남들과 같은 것"이었다면, 당신은 경쟁을 잘한 것이지 독점을 만든 것이 아니다. 경쟁을 잘하는 것과 가치를 만드는 것은 전혀 다른 일이다.

라이벌이라는 함정

....

경쟁에는 심리적 함정이 있다. 셰익스피어의 『로미오와 줄리엣』에는 대대로 싸워온 두 가문이 나온다. 몬태규와 캐퓰릿. 왜 싸우는가? 아무도 기억하지 못한다. 하지만 싸움은 계속된다. 세대를 넘어. 사람이 죽는데도. 틸은 셰익스피어가 경쟁에 대한 가장 날카로운 분석가라고 말한다. 싸우는 사람들은 시간이 갈수록 서로를 닮아간다. 닮아갈수록 더 치열하게 싸운다. 왜 싸우는지는 잊힌다. 비즈니스에서도 같은 일이 벌어진다. 라이벌에 집착하면 자기 자신을 잃는다.

마이크로소프트가 빙으로 검색에 뛰어들고, 구글이 크롬과 구글 독스로 응수했다. 서로의 영역을 침범하며 소모전을 벌이는 동안, 애플이 모바일 시장을 장악했다. 두 회사 모두 진짜 전쟁터를 놓쳤다. 경쟁에 빠지면 시야가 좁아진다. 라이벌을 이기는 것이 목표가 된다. 원래 목표(고객에게 가치를 만드는 것)는 잊혀진다. 이기는 것 자체가 목적이 된다. 승리해도 남는 게 없다.

INSIGHT

당신의 라이벌은 누구인가? 그 사람을 이기기 위해 쓰는 에너지를, 아무도 안 하는 새로운 것에 쓴다면? 라이벌에 대한 집착은 당신을 라이벌과 닮아가게 만든다. 닮아가면 차별화가 사라진다. 차별화가 사라지면 완전 경쟁이다. 완전 경쟁은 패자들의 게임이다.

거짓말을 하는 양쪽

....

틸이 지적하는 역설이 있다. 독점 기업은 자기가 독점이 아니라고 말한다. 구글은 "우리는 글로벌 기술 시장에서 치열하게 경쟁하고 있습니다"라고 말한다. 독점이라고 인정하면 규제 당국이 올 테니까. 시장을 최대한 넓게 정의한다. 비독점 기업은 자기가 독특하다고 말한다. 동네 비빔밥집 주인은 "우리 집은 달라요. 할머니 레시피예요. 여기서만 먹을 수 있는 맛이에요." 수천 개의 식당이 모두 같은 말을 한다. 시장을 최대한 좁게 정의한다. "서울 마포구 연남동 한우 비빔밥 시장에서는 우리가 유일해요." 실제로는 치열한 경쟁 속에 있으면서 말이다. 독점 기업은 경쟁자가 많은 척한다. 비독점 기업은 경쟁자가 없는 척한다. 둘 다 거짓말이다. 하지만 방향이 다르다. 독점 기업의 거짓말은 겸손의 탈을 쓴 전략이다. 비독점 기업의 거짓말은 자기 위안이다.

라스트 무버

....

먼저 시작하는 게 중요하다고들 한다. 그러나 틸은 그 말에 NO라고 대답한다.

> "가장 중요한 것은 먼저 움직이는 것이 아니라, 특정 시장에서 마지막까지 크게 발전하는 것이다. 라스트 무버Last Mover이 되는 것이다."
>
> ─『제로 투 원』

구글은 최초의 검색 엔진이 아니었다. 야후, 라이코스, 알타비스타가 먼저 있었다. 하지만 구글이 이겼다. 검색을 10배 더 잘했으니까. 선발 주자가 아니라 최후의 지배자가 이긴다. 시장이 형성되기 전에 뛰어드는 것보다, 시장이 형성될 때 압도적인 차이를 가지고 들어가는 것이 낫다. 조급하게 먼저 시작할 필요가 없다. 대신 들어갈 때 아무도 따라 할 수 없는 것을 가지고 들어가야 한다.

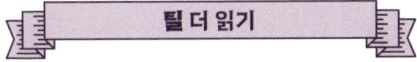

틸 더 읽기

• 『제로 투 원』 경쟁은 왜 패배자의 전략인가?   난이도 ★★☆☆☆

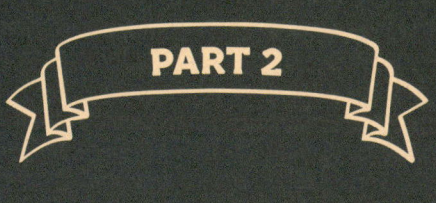

PART 2

처음부터 진 게임

불평등은 시스템이었다

마르크스의
물신

모든 것에 가격표가 붙었다

01

Karl
Marx

돈이 신이 되면 사람이 물건이 된다. 카를 마르크스는 150년 전에 이것을 간파했다. 마르크스처럼 생각한다는 것은, "원래 그런 거 아냐?"라는 말 앞에서 멈추는 것이다. 원래 그런 것은 없다.

시급 1만 4천 원짜리 인간

....

면접장에 앉아 있다. 정장을 입었다. 넥타이를 맸다. 이력서를 열두 번 고쳤다. 자기소개서를 서른 번 다시 썼다. 손바닥에 땀이 난다. 면접관이 묻는다. "희망 연봉이 어떻게 되시나요?" 당신은 답한다. "4천만 원 정도요." 잠깐. 지금 무슨 일이 벌어진 건가? 당신은 방금 자기 자신에게 가격표를 붙였다. 당신의 시간, 당신의 능력, 당신의 에너지, 당신의 청춘에 숫자를 매겼다. 1년에 4천만 원. 한 달에 333만 원. 하루에 11만 원. 시간당 1만 4천 원.

1만 4천 원. 커피 세 잔 값. 김치찌개 백반 한 끼 값. 당신은 커피 세 잔짜리 인간인가? 물론 아니다. 당신은 가격을 매길 수 없는 존재다. 당신의 꿈, 사랑, 추억, 가능성, 밤에 못 자며 고민한 시간들, 부모님을 실망시키지 않으려 억누른 눈물. 이런 것들에 어떻게 숫자를 붙이는가? 그런데 우리는 매일 그 불가능한 일을 한다. 자기 자신에게 가격을 붙이고, 타인에게 가격을 붙이고, 모든 것에 가격을 붙인다. 그리고 이것이 너무나 당연하게 느껴진다. 이상하다고 생각조차 하지 않는다. 그런데 한 남자가 이것을 이상하다고 생각했다.

면접에서 "희망 연봉"을 말하는 순간, 당신은 자기 자신에게 가격표를 붙이고 있다.
이상한 일이다. 그런데 이상하다고 느끼지 않는다. 그게 물신숭배다.

자본의 해부학자

·········

카를 마르크스. 독일 태생의 철학자이자 경제학자. 그의 이름은
20세기를 뒤흔들었다. 소련, 중국, 쿠바, 북한. 그의 사상을 따랐다고
주장하는 국가들이 지구의 절반을 뒤덮었던 시절이 있었다. 그 국가
들 대부분이 실패하거나 변질되면서, 마르크스의 이름도 함께 추락
했다. "마르크스? 그거 실패한 이론 아냐?" 이것은 마르크스를 제대
로 읽지 않은 결과다.

마르크스는 소련을 설계하지 않았다. 스탈린의 독재를 정당화
하지 않았다. 북한의 세습을 상상하지도 않았다. 그가 한 것은 자본
주의를 해부한 것이다. 의사가 인체를 해부하듯, 자본주의가 어떻게
작동하는지, 그 안에서 인간에게 무슨 일이 벌어지는지 분석했다.
해부는 처방이 아니다. 마르크스의 해부와 마르크스의 처방은 별개
다. 처방은 실패했을 수 있다. 하지만 해부는 지금도 정확하다. 그는
평생 가난했다. 원고료로 먹고살 수 없어서 친구 프리드리히 엥겔스
에게 돈을 빌렸다. 자녀 일곱 중 넷이 어릴 때 죽었다. 영국 대영박물
관 열람실에서 하루 10시간씩 자료를 읽으며 『자본론』을 썼다. 1867

년 1권이 출간됐다. 2권과 3권은 그가 죽은 후 엥겔스가 유고를 정리해 출판했다. 그 책의 첫 장에서 마르크스는 기이한 개념을 꺼내든다.

테이블이 춤을 춘다

....

상품물신숭배Commodity Fetishism. 물신숭배. 낯선 단어다. 마르크스는 테이블을 예로 든다. 나무로 만든 테이블. 네 개의 다리와 하나의 판자. 그냥 물건이다. 거기에 신비로운 것은 아무것도 없다. 그런데 이 테이블이 시장에 나가는 순간, 기이한 일이 벌어진다.

> "테이블이 상품으로 나타나자마자, 그것은 감각적이면서 동시에 초감각적인 물건으로 변한다. 테이블은 자기 머리로 서 있을 뿐 아니라, 다른 모든 상품들에 대해 머리를 굴리며, 테이블이 스스로 춤추기 시작하는 것보다 훨씬 더 기괴한 변덕을 부린다."
>
> —『자본론』

테이블이 춤을 춘다? 마르크스는 농담하는 게 아니다. 시장에서 테이블은 가격을 갖는다. 10만 원. 이 10만 원은 어디서 왔는가? 테이블 자체에서? 나무에서? 아니다. 테이블은 그냥 나무다. 10만 원이라는 가치는 테이블을 만든 사람의 노동에서 왔다. 나무를 베고, 운반

하고, 말리고, 다듬고, 조립하는 데 들어간 인간의 시간과 에너지와 기술. 그것이 가치의 원천이다. 그런데 시장에서 이 사실은 사라진다. 당신이 가구점에서 보는 것은 테이블과 가격표뿐이다. "테이블 = 10만 원." 마치 테이블 자체가 10만 원의 가치를 내장하고 있는 것처럼. 마치 가격이 물건의 타고난 속성인 것처럼. 그것을 만든 인간의 손은 보이지 않는다. 땀은 보이지 않는다. 허리 통증도 보이지 않는다. 이것이 물신숭배다. 물건이 마법적 가치를 가진 것처럼 보이는 현상. 인간이 만든 것인데, 인간이 사라지고, 물건만 남는 현상.

> "인간 노동의 사회적 성격이 노동 생산물 자체의 객관적 성격인 것처럼 나타난다."
>
> —『자본론』

번역하면 이렇다. 사람이 만든 가치가, 물건이 원래 가지고 있던 가치처럼 보인다.

INSIGHT

가구점에서 테이블을 볼 때, 당신이 보는 것은 나무와 가격표다. 그것을 만든 사람의 손, 허리 통증, 작업장의 먼지는 보이지 않는다. 가격은 노동을 숨긴다. 가격은 그렇게 설계되어 있다.

5천 원짜리 커피 뒤의 사람들

....

내일 아침에 사게 될 커피를 생각해보자. 아메리카노 한 잔. 5천 원. 이 5천 원 뒤에 무엇이 있는가? 에티오피아 시다모 지역. 고도 1,800미터의 산비탈. 한 농부가 새벽 5시에 일어나 커피 열매를 딴다. 하루 종일 허리를 굽힌다. 손가락이 빨갛게 물든다. 잘 익은 열매만 골라야 한다. 기계가 할 수 없는 일이다. 그가 하루에 따는 열매로 만들어지는 원두는 대양을 건넌다. 그 원두를 배에 싣는 노동자가 있다. 대양을 건너는 몇 주간, 가족과 떨어져 지낸다. 항구에서 원두를 하역하는 사람이 있다. 로스팅 공장에서 뜨거운 기계 옆에 서서 원두를 볶는 사람이 있다. 커피 향이 좋다고? 하루 8시간 그 열기 안에 있어보라.

그리고 카페의 바리스타. 최저시급을 받으며 주문을 받고, 에스프레소를 내리고, 우유를 스팀하고, 웃으며 건넨다. "맛있게 드세요." 이 모든 사람들의 노동이 응축되어 당신 앞의 종이컵 안에 담겨 있다. 그런데 당신이 보는 것은? "아메리카노 = 5,000원." 숫자. 가격표. 그뿐이다. 에티오피아 농부의 얼굴은 보이지 않는다. 바리스타의 피로는 보이지 않는다. 화물선의 엔진 소리는 들리지 않는다. 사람이 사라지고 숫자만 남았다. 이것이 물신숭배의 실체다. 사람과 사람 사이의 관계가, 물건과 물건 사이의 관계로 바뀌는 현상.

"사적 생산자들 사이의 사회적 관계는 그들의 노동 생산물의 관

계, 즉 물건과 물건 사이의 관계로 나타난다."

— 『자본론』

당신과 에티오피아 농부는 연결되어 있다. 당신이 커피를 마시

기 위해 그가 일했다. 하지만 당신은 그를 모른다. 이름도, 얼굴도, 삶

도. 당신과 그 사이에는 커피라는 물건과 5,000원이라는 숫자만 있

다. 사람과 사람이 만나지 않는다. 물건과 돈이 만난다.

INSIGHT

> 지금 당신 앞에 있는 물건 하나를 집어보라. 그것의 가격은 얼마인가? 그것을 만든
> 사람은 누구인가? 어디서, 얼마나 오래, 어떤 조건에서 일했는가? 모른다. 이것이 물
> 신숭배다. 가격은 보이고, 사람은 보이지 않는다.

모든 것이 상품이 된다

....

마르크스가 진짜 두려워한 것은 물건에 가격이 붙는 것이 아니

었다. 원래 가격이 붙을 수 없었던 것들에 가격이 붙기 시작한다는

것이었다. 처음에는 물건만 상품이었다. 쌀, 옷, 도구. 사람이 만든 것

들. 여기까지는 자연스럽다. 그다음에는 노동이 상품이 되었다. 당

신의 시간을 팔고 돈을 받는다. 이것은 역사적으로 새로운 현상이었

다. 중세 농노는 노동을 "팔지" 않았다. 영주에게 바쳤다. 노동을 시장에서 거래하는 것, 시간에 가격을 붙이는 것은 자본주의의 발명품이다. 그다음에는 땅이 상품이 되었다. 원래 땅은 공동체의 것이었다. 마을 사람들이 함께 쓰는 것. 그것이 사유화되고, 분할되고, 등기부에 올라가고, 가격이 붙었다.

물이 상품이 되었다. 하늘에서 내리는 비. 땅에서 솟는 샘. 누구의 것도 아니었다. 지금은 생수 회사가 그것을 병에 담아 팔고, 당신은 편의점에서 돈을 내고 산다. 지식이 상품이 되었다. 대학 등록금을 내야 배울 수 있다. 논문을 읽으려면 구독료를 내야 한다. 유튜브 프리미엄을 결제해야 광고 없이 강의를 볼 수 있다. 건강이 상품이 되었다. 아프면 돈이 든다. 병원비, 약값, 보험료. 돈이 없으면 아파도 병원에 못 간다. 감정이 상품이 되었다. 외로우면 데이팅 앱에 결제한다. 불안하면 명상 앱에 결제한다. 우울하면 상담을 받는다. 시간당 10만 원. 죽음도 상품이다. 장지는 얼마, 관은 얼마, 수의는 얼마, 화환은 얼마. 슬픔을 느낄 시간도 없이 계산기를 두드린다.

"부르주아지는 인간과 인간 사이에 적나라한 이해관계, 냉혹한 '현금 거래' 외에 다른 연결 고리를 남기지 않았다."

—『공산당 선언』

물, 지식, 건강, 감정, 죽음. 원래 가격이 없던 것들에 하나씩 가격이 붙고 있다. 다음은 무엇인가? 이 질문이 불편하지 않다면, 당신은 이미 모든 것에 가격이 붙는 세상에 익숙해진 것이다.

관계의 가격표

....

물신숭배의 가장 무서운 결과는 물건이 아니라 관계에 값이 붙는 것이다. 친구를 만나 밥을 먹는다. 계산할 때가 온다. "더치페이 할까? 내가 낼까? 저번에 누가 냈더라?" 우정 한가운데 돈 계산이 끼어든다. 너무 자연스러워서 이상하게 느끼지도 않는다.

연인에게 선물을 산다. "얼마짜리를 사야 하지? 너무 싸면 성의 없어 보이고, 너무 비싸면 부담스럽고." 사랑의 표현이 가격으로 환산된다. 10만 원짜리 사랑. 50만 원짜리 사랑. 100만 원짜리 사랑. 사랑이 크면 가격도 커야 하는가? 결혼을 준비한다. 예식장이 얼마, 스드메가 얼마, 예물이 얼마, 신혼여행이 얼마. 두 사람이 앉아서 엑셀 시트를 연다. 사랑의 시작이 엑셀이다.

부모님이 돌아가신다. 장례를 치른다. 장지 선택, 관 등급, 수의 가격, 화환 규모. 숫자가 끊이지 않는다. 누군가 울고 있는 옆에서 누군가 견적서를 보고 있다. 왜 죽음 앞에서도 가격을 매기는 것이 당연하게 느껴지는가? 왜 이상하다고 느끼지 않는가? 답은 물신숭배다. 우리가 너무 오래, 너무 깊이 이 체계 안에 살았기 때문이다. 물고기가 물을 모르듯, 우리는 가격표의 세계를 모른다. 그것이 세계 자체이기 때문이다.

당신은 얼마에 팔리고 있는가

....

가장 심각한 상품화는 당신 자신의 상품화다. 회사에 다닌다. 월급을 받는다. 당신은 하루에 8시간, 일주일에 40시간, 한 달에 160시간을 판다. 당신의 시간, 에너지, 청춘, 집중력을 회사에 넘긴다. 대가로 돈을 받는다. 9시부터 6시까지, 그 시간은 당신의 것이 아니다. 화장실에 가는 것도 눈치를 봐야 한다. 점심시간은 1시간, 정확히 1시간. 당신이 무엇을 하고 싶은지는 중요하지 않다. 회사가 시키는 일을 해야 한다. 그것이 계약이다. 마르크스는 이것을 노동력의 상품화라고 불렀다. 당신은 "노동력"이라는 상품을 소유하고 있다. 그것을 시장에 내놓는다. 고용주가 산다. 거래가 성사된다.

"자본가는 노동자의 노동력을 하루 동안 샀다. 그 하루의 노동력을 사용할 권리가 그에게 있다."

—『자본론』

그런데 마르크스는 여기서 하나를 더 묻는다. 당신이 하루에 만들어내는 가치가 20만 원어치라고 하자. 당신의 일당은 15만 원이다. 나머지 5만 원은 어디로 가는가? 회사가 가져간다. 마르크스는 이것을 잉여가치Mehrwert, surplus value라고 불렀다. 당신이 만들어낸 가치 중에서 당신에게 돌아오지 않는 부분. 물론 회사에도 비용이 있다. 사무실 임대료, 장비, 관리비. 마르크스가 부정하는 건 그것이 아니다. 그가 지적하는 건 구조다. 자본주의 시스템에서 노동자는 자신이 만든 가치의 전부를 받지 못한다. 나머지는 자본의 소유자에게 간다. 이것이 시스템의 작동 원리다. 왜 이 구조가 유지되는가? 멍거라면 답할 것이다. 인센티브를 보라. 자본가의 인센티브는 잉여가치를 극대화하는 것이고, 노동자의 인센티브는 월급을 받아 생존하는 것이다. 두 인센티브가 부딪치면, 자본을 가진 쪽이 이긴다.

INSIGHT

오늘 퇴근할 때 한 가지만 생각해보라. 오늘 하루 당신이 만들어낸 가치는 얼마인가? 당신이 받은 일당은 얼마인가? 그 차이는 어디로 갔는가?

소외, 혹은 자기 자신에게서 멀어지기

....

마르크스는 여기서 한 발 더 들어간다. 노동력을 파는 것이 반복되면, 인간에게 무슨 일이 벌어지는가? 소외Entfremdung, Alienation.

"노동자는 자신의 노동에서 자기를 긍정하는 것이 아니라 부정한다. 행복을 느끼는 것이 아니라 불행을 느끼며, 자유로운 에너지를 발전시키는 것이 아니라 자신의 육체를 못살게 굴고 정신을 파괴한다."

— 『경제학-철학 수고』

출근길 지하철. 사람들의 표정을 떠올려보라. 눈빛이 죽어 있다. 그들은 지금 "자유로운 에너지를 발전시키러" 가는 게 아니라 생존하러 가는 것이다. 급여일까지 버티러 가는 것이다. 마르크스는 소외를 네 가지로 분류했다. 자기 노동의 결과물에서의 소외. 당신이 만든 보고서, 기획안, 제품은 당신의 것이 아니다. 회사의 것이다. 당신의 이름은 어디에도 남지 않는다. 당신이 떠나면 다른 사람이 같은 자리에 앉아 같은 일을 한다. 노동 과정 자체에서의 소외. 당신이 일하는 방식을 당신이 정하지 않는다. 회사가 정한다. 몇 시에 출근하고, 몇 시에 퇴근하고, 어떤 방식으로 일하고, 무엇을 우선시하는지. 전부 위에서 내려온다.

다른 인간에게서의 소외. 동료는 동료이기 전에 경쟁자다. 승진 자리는 하나인데 후보는 셋이다. 같은 팀인데 서로의 성과를 견제한다. 자기 자신에게서의 소외. 이것이 가장 깊다. 월요일에 하고 싶지 않은 일을 억지로 하는 당신과, 토요일 오후에 좋아하는 일을 하는 당신. 어느 쪽이 진짜 당신인가? 일주일의 5일은 가짜고 2일만 진짜인 삶. 그것이 정상인가?

돈이 주인이 되는 세상

....

물신숭배의 궁극적 결과는 전도(顚倒)다. 주인과 하인이 뒤집힌다. 원래 돈은 도구였다. 쌀을 사고, 옷을 사고, 집을 짓기 위한 수단. 인간이 주인이고, 돈이 하인이었다. 그러나 언제부터인가 뒤집혔다. 이제 돈이 주인이다. 돈을 벌기 위해 일하고, 돈을 벌기 위해 공부하며 돈을 벌기 위해 관계를 맺는다. 인간이 돈을 위해 존재한다. "이거 하면 돈이 될까?" 무언가를 시작할 때 가장 먼저 하는 질문이다. 돈이 안 되면 안 한다. 재미있어도. 의미 있어도. 세상에 필요해도. "저 사람은 얼마나 버는데?" 사람을 평가할 때 가장 먼저 떠오르는 기준이다. 연봉이 높으면 성공한 사람, 낮으면 그렇지 않은 사람.

"화폐의 힘이 크면 클수록 나의 힘도 크다. 화폐의 속성이 나의
속성이며 나의 본질적 힘이다. 내가 무엇이고 무엇을 할 수 있는

지는 나의 개인적 능력이 아니라 화폐에 의해 규정된다."

『경제학-철학 수고』

돈이 있으면 못생겨도 매력적이 된다. 돈이 있으면 무식해도 존경받는다. 돈이 있으면 잔인해도 용서받는다. 돈이 인간의 본질을 규정한다. 누구도 입에 담지 않지만 모두가 아는 규칙이다. 인간이 만든 것에 인간이 지배당하고 있다. 이것은 도덕의 문제가 아니다. 시스템의 결과다.

> **INSIGHT**
>
> "이거 하면 돈이 될까?" 무언가를 시작할 때 가장 먼저 떠오르는 질문인가. 돈이 안 되면 안 한다. 재미있어도, 의미 있어도. 그렇다면 돈이 이미 주인일 수 있다.

해부와 처방

....

마르크스의 처방은 혁명이었다. 자본주의를 뒤엎어야 한다고 주장했다. 그 처방이 어떤 결과를 낳았는지는 역사가 보여줬다. 소련은 무너졌다. 수천만 명이 그 과정에서 죽었다. 하지만 그의 진단은 다른 문제다. 우리는 물신숭배의 세계에 산다. 물건에 마법적 가치가 깃든 것처럼 여긴다. 인간의 노동은 보이지 않고 가격표만 보인다. 관계는 거래로 바뀌고, 인간은 상품이 되고, 돈이 주인이 된다. 동시에, 바로 그 시스템이 인류 역사상 전례 없는 풍요를 만들어냈다. 마르크스 자신도 그것을 인정했다.

이것을 아는 것은 자본주의를 부정하는 것이 아니다. 자본주의 안에서 보이지 않는 것을 보기 시작하는 것이다. 면접장에서 "희망 연봉"을 말할 때, 당신이 자기 자신에게 가격표를 붙이고 있다는 것을 아는 것. 커피를 살 때, 5,000원 뒤에 보이지 않는 사람들이 있다는 것을 아는 것. 월급을 받을 때, 당신이 만든 가치의 일부만 돌아온다는 것을 아는 것. 월요일 아침 지하철에서 눈빛이 죽어가는 이유를 아는 것. 안다고 해서 달라지는 건 아닐 수 있다. 내일도 출근해야 한다. 내일도 면접을 볼 수 있다. 내일도 커피를 살 것이다. 하지만 아는 것과 모르는 것은 같은 삶이 아니다.

마르크스 더 읽기

- 『공산당 선언』 짧고 강렬하다. 2시간이면 읽는다   난이도 ★★☆☆☆
- 『경제학-철학 수고』 노동은 왜 인간을 불행하게 만드는가?   난이도 ★★★★☆
- 『자본론』 1권 자본주의 해부의 기념비. 각오가 필요하다   난이도 ★★★★★

Karl
Marx

피케티의
공식

자본은 일하지 않아도 증식한다

02

Thomas
Piketty

자본은 잠을 자지 않는다. 당신이 자는 동안에도 돈은 일한다. 토마 피케티는 250년간의 데이터를 모아 부등식 하나를 내놓았다. r > g. 자본이 노동보다 빠르다. 피케티처럼 생각한다는 것은, "열심히 하면 된다"는 말 앞에서 계산기를 꺼내는 것이다.

동창회

....

대학 동기 셋이 졸업 10년 만에 만났다. 같은 과, 같은 학번, 같은 해에 졸업했다. 학점도 비슷했고, 취업 시기도 같았다. 셋 다 대기업에 들어갔다. 출발선이 같았다. 10년이 지나, 강남의 한 식당에 앉았다.

- A. 10년간 성실하게 다녔다. 연봉은 5천만 원에서 구천만 원으로 올랐다. 매달 150만 원씩 저축했다. 10년간 모은 돈, 이자 포함해서 약 2억 원. 뿌듯하다. 나름 잘했다고 생각한다. 그런데 서울에 아파트를 사기엔 턱없이 부족하다.

- B. 똑같이 성실하게 다녔다. 연봉도 비슷하다. 하지만 졸업할 때 부모가 전세 자금 3억 원을 보태줬다. 그 돈으로 2014년에 서울 외곽에 아파트를 샀다. 4억 원짜리. 10년이 지났다. 그 아파트가 9억 원이 됐다. 본인이 한 건 아무것도 없다. 출근하고, 퇴근하고, 주말에 쉬었다. 잠자는 동안 5억 원이 불었다.

- C. A, B와 같은 회사, 같은 연봉이었다. 하지만 5년 차에 스타트업으로 이직했다. 연봉은 줄었다. 3년간 고생했다. 회사가 안 됐다. 다시 대기업으로 돌아왔다. 빈 3년 때문에 연봉이 동기보다 낮다. 저축은 5천만 원. 빚이 조금 있다.

처음부터 진 게임

셋이 앉아서 술을 마시며 웃고 떠든다. 하지만 속으로는 안다. A 는 10년간 이를 악물고 모아서 2억 원을 만들었다. B는 가만히 앉아서 5억 원이 불었다. C는 도전했다가 마이너스다. 세 사람 중 누가 가장 열심히 살았는가? 중요하지 않다. 누가 가장 부자인지는 이미 정해졌다. 그리고 그 순서는 "누가 열심히 살았는가"의 순서와 일치하지 않는다. 이것이 우연인가? 이 세 사람만의 이야기인가? 한 남자가 250년간의 데이터를 모아서 답했다. 아니다. 우연이 아니다. 구조다.

INSIGHT

A, B, C 중 누가 가장 열심히 살았는가는 중요하지 않다. 10년 후 자산 순위는 노력의 순서가 아니라 출발선의 순서였다. 이것을 알면 자신을 덜 탓하게 된다. 당신이 느린 게 아니라 레인이 다른 것이다.

스물두 살의 박사

....

토마 피케티. 프랑스의 경제학자이자 파리경제대학 교수. 스물두 살에 박사 학위를 받았고 MIT에서 조교수직을 제안받았다. 엘리트 코스의 정점이었다. 그런데 2년 만에 프랑스로 돌아왔다. 미국 경제학계가 마음에 안 들었다. 수학 모델은 정교했지만 현실과 동떨어져 있었다. 칠판 위의 곡선은 아름다웠지만, 진짜 사람들의 삶을 설명하지 못했다. 피케티가 원한 것은 이론이 아니라 데이터였다. 가

설이 아니라 사실. 수학이 아니라 역사. 그래서 20년간 데이터를 모 았다. 프랑스, 영국, 미국, 독일, 일본, 스웨덴. 18세기부터 21세기까 지. 세금 기록, 상속 기록, 소득 통계, 자산 데이터. 250년간의 부와 소 득을 추적했다. 2013년, 그 결과물이 나왔다. 『21세기 자본』. 프랑스 어로 출간됐을 때는 조용했다. 2014년 영어 번역본이 나오자 폭발했 다. 경제학 전공서가 아마존 1위를 했다. 700페이지짜리 데이터 분 석서가 전 세계에서 250만 부 이상 팔렸다. 폴 크루그먼은 "지난 10 년간 가장 중요한 경제학 책"이라고 평했다. 이 두꺼운 책의 핵심은 부등식 하나로 요약된다.

$$r > g$$

r은 자본수익률 return on capital이다. 돈이 돈을 버는 속도. 부동산 값 상승, 주식 수익, 배당, 이자. 자산을 가지고 있으면 들어오는 돈의 비 율. g는 경제성장률 growth rate이다. 경제 전체가 커지는 속도. 이것은 대략 임금 상승률과 비슷하게 움직인다. 경제가 성장하면 일자리가 늘고 임금이 오른다. 피케티가 250년간의 데이터에서 발견한 것은 단순했다. 역사적으로 r은 대체로 4~5%였다. g는 대체로 1~2%였다. 자본수익률이 경제성장률보다 높다. 돈이 돈을 버는 속도가, 사람이 일해서 돈을 버는 속도보다 빠르다. 이 한 줄이 동창회의 A, B, C를 설명한다.

r > g를 한 문장으로 번역하면 이렇다. 돈이 돈을 버는 속도가, 사람이 일해서 돈을 버는 속도보다 빠르다. 이 한 문장을 진짜로 이해하면, "열심히 하면 된다"는 말이 출발선을 무시한 말이라는 게 보인다.

산수

....

A와 B. 둘 다 30세. 같은 해에 사회생활을 시작한다. 월급은 둘 다 300만 원. 차이는 하나. B는 부모에게 5억 원을 물려받았다. A는 물려받은 게 없다. 10년이 지난다. B의 5억 원은 연 5% 수익률로 굴려졌다. 부동산이든 주식이든. 복리로 계산하면 10년 후 5억 원은 약 8억 1천만 원이 된다. 일하지 않고 3억 1천만 원이 생겼다. 이것은 B가 잠자는 동안, 주말에 쉬는 동안, 넷플릭스를 보는 동안에도 쌓인 돈이다. A는 월급에서 매달 100만 원을 아꼈다. 결혼도 미루고, 여행도 줄이고, 커피도 아꼈다. 10년간 저축한 돈, 이자 포함해서 약 1억 5천만 원.

- 10년 후 B의 자산: 8억 1천만 원 + 월급 저축분.
- 10년 후 A의 자산: 1억 5천만 원.

B가 잠자는 동안 번 3억 1천만 원. A가 10년간 이를 악물고 모은 1

억 5천만 원. B가 아무것도 안 하고 번 돈이, A가 10년간 절약하며 모은 돈의 두 배다. 그리고 이 격차는 해가 갈수록 벌어진다. 20년 후에는 더 벌어지고, 30년 후에는 비교 자체가 무의미해진다. A가 아무리 빨리 달려도 B의 돈이 더 빨리 달리기 때문이다. 이것이 r > g의 의미다. 자본은 노동보다 빠르다.

> "r > g라는 부등식은 과거에 축적된 부가 생산과 임금보다 더 빨리 증가한다는 것을 의미한다. 기업가는 필연적으로 금리생활자가 되어가고, 노동밖에 가진 것이 없는 사람들을 점점 더 지배하게 된다."
>
> — 『21세기 자본』

INSIGHT

B가 잠자는 동안 번 3억 원이, A가 10년간 모은 1억 5천만 원의 두 배다. B가 현명했을 수 있다. 하지만 현명할 기회 자체가 출발선에서 갈렸다.

자본은 잠을 자지 않는다

·········

노동에는 한계가 있다. 당신의 몸은 하나다. 하루는 24시간이다. 잠을 줄여도 한계가 있다. 아무리 열심히 일해도 몸이 버티는 만큼만 일할 수 있다. 인간은 피로하고, 아프고, 늙는다. 자본에는 한계가 없다. 돈은 피로하지 않다. 아프지 않다. 늙지 않는다. 당신이 자는 동안에도 부동산 가치는 변한다. 주식 시장은 돌아간다. 이자는 붙는다. 배당은 쌓인다. 돈은 24시간, 365일 일한다. 주말도 없고, 휴가도 없고, 번아웃도 없다. 10억 원의 자산이 연 5%를 벌면 5천만 원이다. 자산의 주인은 아무것도 하지 않았다. 침대에 누워 있었다. 하루 0시간 일하고 5천만 원을 벌었다. 당신이 하루 8시간, 주 5일, 한 해 2,000시간을 일해서 버는 연봉이 5천만 원이라면. 당신의 2,000시간과 자본의 0시간이 같은 돈을 번다.

INSIGHT

10억의 5%는 5천만 원이다. 누군가의 1년 노동과 자본의 0시간이 같은 돈을 번다. 그것이 이 게임의 규칙이다.

오만과 편견

....

피케티는 이것을 "세습 자본주의의 귀환"이라고 불렀다. 19세기. 제인 오스틴의 소설 『오만과 편견』이 1813년에 출간됐다. 이 소설에서 사람들은 연봉을 이야기하지 않는다. 재산이 연 얼마의 수입을 내는지를 이야기한다. "다아시 씨는 연 1만 파운드의 수입이 있다." 이 말의 뜻은 다아시가 열심히 일해서 그만큼 번다는 게 아니다. 그의 재산이 가만히 있어도 매년 1만 파운드를 벌어다 준다는 뜻이다.

다아시는 일하지 않는다. 그의 돈이 일한다. 그 시대에 성공의 비결은 재능이 아니라 상속이었다. 좋은 결혼을 하거나, 좋은 유산을 받는 것. 그것이 전부였다. 아무리 열심히 일해도 물려받은 재산을 따라잡을 수 없었다.

20세기 중반, 이것이 바뀌는 것처럼 보였다. 두 차례의 세계대전이 유럽의 자산을 파괴했다. 대공황이 부자들을 쓸어버렸다. 높은 누진세가 부의 집중을 막았다. 전후 고도성장이 임금을 끌어올렸다. g가 r을 따라잡은 것이다. 노력하면 올라갈 수 있는 시대. 개천에서 용 나는 시대. 부모 세대가 체험한 시대. 피케티의 데이터는 말한다. 그건 예외였다. 1914년부터 1970년대까지의 평등화는 전쟁, 공황, 높은 세율이라는 극단적 조건이 만들어낸 역사적 이례였다. 정상 상태가 아니라 예외 상태. 그 조건이 사라지자 r은 다시 g를 앞서기 시작했다. 상속받은 재산이 다시 노동소득을 압도하기 시작했다.

"과거는 미래를 집어삼킨다."

— 『21세기 자본』

21세기는 19세기로 돌아가고 있다. 다아시의 세계로.

부모 세대가 경험한 "열심히 하면 올라갈 수 있는 시대"는 전쟁과 대공황이 만들어 낸 예외였다. 정상 상태가 아니라 이례적 상태. 그 시대의 조언을 지금 따르면, 예외를 규칙으로 착각하는 것이다.

서울이라는 게임

....

한국에서 r > g를 가장 적나라하게 보여주는 것이 부동산이다. 2013년 서울 아파트 평균 매매가는 약 4억 원대였다. 2024년에는 약 12~13억 원이다. 11년 만에 8~9억 원이 올랐다. 연평균으로 치면 대략 8~9%. 같은 기간 평균 임금 상승률은 연 2~3%. 이 두 숫자의 차이가 의미하는 것. 2013년에 4억짜리 아파트를 산 사람은 11년간 8~9억 원을 벌었다. 출근하지 않고. 야근하지 않고. 보고서를 쓰지 않고. 상사 눈치를 보지 않고. 잠자는 동안에도.

2013년에 아파트를 못 산 사람은 11년간 월급을 모았다. 연 2~3%씩 오르는 월급. 커피를 아끼고, 여행을 줄이고, 결혼을 미루며. 하지만 모으는 속도보다 집값이 오르는 속도가 빨랐다. 5년 치 월급을 모으면 집값은 8년 치만큼 올라 있었다. 달리고 있는데 결승선이 더 빨리 도망간다. 이것이 r > g를 몸으로 체감하는 순간이다. 한국 가구 자산의 약 70%가 부동산이다. 미국은 29%, 일본은 37%. 한국에서는 부동산을 가졌느냐 못 가졌느냐가 거의 곧 자산의 전부다.

부동산 게임에서 이긴 사람과 진 사람 사이의 거리가 곧 인생의 거리가 된다. 피케티는 r > g를 자본주의 전체의 공식으로 제시했다. 하지만 한국에서 이 공식은 한 문장으로 번역된다.아파트를 샀느냐, 못 샀느냐.

복리라는 폭탄

·········

r > g가 시간이 갈수록 무서워지는 이유. 복리compound interest. 아인슈타인이 복리를 세계 8번째 불가사의라고 불렀다는 이야기가 있다. 실제 아인슈타인이 그런 말을 했는지는 모르지만 그 말이 돌아다니는데는 이유가 있다.복리는 단순하지만 직관에 반한다. 5%의 수익률로 돈을 굴리면, 14년 만에 원금이 두 배가 된다. 28년이면 네 배. 42년이면 여덟 배. 처음에는 눈에 안 띈다. 10년쯤 지나면 조금 보인다. 20년이 지나면 확실히 보인다. 30년이 지나면 폭발한다. 이것이 가진 자에게만 압도적으로 유리하다는 게 문제다. 수익률이 같은 5%일 때. 1억 원을 가진 사람은 연 500만 원을 번다. 10억 원을 가

진 사람은 연 5천만 원을 번다. 100억 원을 가진 사람은 연 5억을 번다. 같은 퍼센트인데 절대 금액의 격차는 곱하기로 벌어진다.

그리고 그 곱하기가 해마다 반복된다. 작년에 벌어진 격차 위에 올해의 격차가 쌓인다. 그 위에 내년의 격차가 쌓인다. 시간이 우군인 사람과 시간이 적인 사람이 나뉜다. 피케티의 데이터. 1978년, 미국 상위 1%의 소득 점유율은 약 10%였다. 2018년에는 약 20%가 됐다. 40년 만에 두 배. 파이 자체는 커졌다. 경제는 성장했다. 하지만 커진 파이의 대부분은 이미 큰 조각을 가진 사람들에게 갔다. 나머지에게는 부스러기가 돌아갔다. 부스러기도 예전보다 크기는 하다. 하지만 옆에서 케이크 한 판을 먹고 있는 사람을 보면, 부스러기의 위로는 오래가지 않는다.

> "불평등의 역사는 항상, 그리고 모든 곳에서 혼돈스럽고 정치적인 역사이며, 순전히 경제적 메커니즘에 의해 형성되지 않는다."
>
> — 『21세기 자본』

예외는 있었다

·········

여기까지 오면 우울해진다. 처음부터 정해진 건가? 빠져나갈 수 없는 건가? 잠깐. 공식을 다시 보자.

이것은 "r이 반드시 항상 g보다 크다"는 자연법칙이 아니다. "역사적으로 대체로 그랬다"는 관찰이다. 그리고 피케티 본인이 강조한다. 이것은 바뀔 수 있는 조건이라고. 실제로 바뀐 적이 있다. 20세기 중반. g가 r을 따라잡은 시기. 불평등이 줄어든 시기. 그것은 자연스럽게 일어난 게 아니었다. 전쟁이 자산을 파괴했고, 정책이 구조를 바꿨다. 누진세, 상속세, 사회보장제도, 공교육 확대. 의도적인 개입이 게임의 기울기를 조정했다. 그 시기가 예외였다는 것은, 달리 말하면, 다시 만들 수 있다는 뜻이기도 하다. 조건이 저절로 바뀌지는 않는다. 누군가 바꿔야 한다. 그건 정책의 영역이다. 지금 중요한 건 당신이 어디에 서 있는지다.

두 세계

....

세상에는 두 세계가 있다. g의 세계. 노동의 세계. 시간을 팔고 월급을 받는 세계. 열심히 일하면 연 2~3%씩 임금이 오른다. 10년 일하면 모을 수 있다. 30년 일하면 은퇴할 수 있다. 정직하고, 성실하고, 느리다. r의 세계. 자본의 세계. 돈이 돈을 버는 세계. 자산이 연 4~5%씩, 때로는 그 이상 불어난다. 시간이 지날수록 속도가 빨라진다. 소유자는 잠을 자도, 아파도, 아무것도 하지 않아도 돈이 늘어난다. 대부분의 사람은 g의 세계에서 태어나고, g의 세계에서 살다가, g의 세계에서 은퇴한다. r의 세계가 있다는 것을 모르거나, 알아도 건너갈 방법을 모르거나, 건너갈 자본이 없다.

r의 세계에 있는 사람은 g의 세계에서 온 사람을 고용한다. g의 세계 사람의 노동이 r의 세계 사람의 자산을 불린다. 마르크스가 말한 잉여가치가 여기서 작동한다. 동창회에서 A는 g의 세계에 있다. B는 부모 덕에 r의 세계에 발을 걸쳤다. C는 g의 세계에서 도전했다가 뒤처졌다. 세 사람의 능력이 달라서가 아니다. 어떤 세계에 속해 있느냐가 달랐다.

INSIGHT

당신의 수입 중 얼마가 노동소득(월급)이고, 얼마가 자본소득(이자, 배당, 자산 상승)인가? 그 비율이 당신이 g의 세계에 있는지 r의 세계에 있는지를 알려준다. 비율을 바꾸는 것이 시작이다. 얼마를 바꾸든, 방향을 아는 것과 모르는 것은 다른 삶이다.

규칙을 아는 것의 의미

....

"그래서 어떻게 하라는 건데?" 피케티는 개인의 재테크 전략을 말하지 않는다. 구조를 보여준 사람이다. r > g를 모르는 사람은 열심히 일하면 따라잡을 수 있다고 믿는다. 따라잡지 못하면 자기 탓을 한다. 능력이 부족해서, 노력이 부족해서, 운이 없어서. 자신을 갉아

먹는다. r > g를 아는 사람은 안다. 자전거와 자동차가 같은 도로에서 달리고 있는데, 자전거가 느리다고 자전거 탓을 할 수는 없다. 이것은 개인의 실패가 아니라 게임의 규칙이다. "왜 나는 안 되지?"가 "이 구조 안에서 나는 어디에 서 있는가?"로 바뀐다. 자기 연민에서 현실 인식으로.

피케티 더 읽기

• 『21세기 자본』 250년 데이터로 본 불평등의 역사   난이도 ★★★★☆

베버의
윤리

우리는 부자가 되기 위해서가 아니라 멈추지 못해서 일한다

03

Max
Weber

쉬면 불안하다. 멈추면 죄책감이 든다. 번아웃이 와도 달리기를 멈추지 못한다. 왜? 막스 베버는 뜻밖의 곳에서 답을 찾았다. 교회다. 베버처럼 생각한다는 것은, "열심히 사는 게 당연하지 않나?"라는 말 앞에서 "누가 그것을 당연하게 만들었는가?"를 묻는 것이다.

일요일 오후 3시

....

일요일 오후다. 할 일이 없다. 아니, 정확히 말하면 할 일은 있지만 오늘 안 해도 되는 것들이다. 월요일에 해도 된다. 다음 주에 해도 된다. 아무도 재촉하지 않는다. 카톡도 안 왔다. 메일도 없다. 그런데 이상하게 불안하다. 넷플릭스를 틀었다. 20분째 뭘 볼지 고르고 있다. 정하지 못한다. 소파에 눕는다. 천장을 본다. 뭔가 해야 할 것 같다. 그 "뭔가"가 뭔지는 모르겠다. 그냥 이렇게 있으면 안 될 것 같다.

괜히 노트북을 연다. 메일을 확인한다. 딱히 급한 건 없다. 그래도 확인했다는 사실에 마음이 좀 놓인다. 인스타그램을 연다. 누군가 여행 사진을 올렸다. 누군가 새 차를 뽑았다. 누군가 자격증을 땄다. 다들 뭔가 하고 있다. 불안감이 살짝 커진다. 괜히 자기계발 유튜브를 튼다. "성공하는 사람들의 주말 루틴." 새벽 5시 기상. 독서. 운동. 사이드 프로젝트. 영상을 끝까지 보지는 않는다. 하지만 뭔가 허전해진다.

휴가를 떠올려보자. 며칠 쉬면 불안해지지 않았는가? "이러다 뒤처지는 거 아냐?" 복귀하면 오히려 안도하지 않았는가? 바쁜 게 싫다면서, 바쁘지 않으면 불안하다. 쉬고 싶다면서, 쉬면 죄책감이 든다. 이 모순은 어디서 왔는가? 누가 당신에게 '쉬면 안 된다'고 말했는가? 부모가 말했을 수 있다. 선생님이 말했을 수 있다. 하지만 부모도, 선생님도, 누군가에게 같은 말을 들었다. 그 명령은 한 사람의 것이 아니다. 공기처럼 퍼져 있다. 한 남자가 이 명령의 기원을 추적했다. 400년을 거슬러 올라갔다.

멈출 수 없었던 남자

....

막스 베버. 독일의 사회학자. 카를 마르크스, 에밀 뒤르켐과 함께 사회학의 세 창시자로 불린다. 하지만 그의 삶은 창시자라는 타이틀의 무게와 맞지 않았다. 천재였다. 법학, 경제학, 역사학, 신학을 넘나들었다. 서른 살에 프라이부르크 대학 교수가 됐다. 서른둘에 하이델베르크 대학으로 옮겼다. 승승장구했다. 그리고 무너졌다.

1897년, 서른셋. 아버지와 격렬하게 다투었다. 그 직후 아버지가 갑자기 죽었다. 베버는 심각한 신경쇠약에 빠졌다. 글을 쓸 수 없었다. 강의를 할 수 없었다. 책을 읽을 수도 없었다. 의자에 앉아 있는 것조차 힘들었다. 과로, 완벽주의, 아버지에 대한 죄책감. 5년 가까이 지속됐다. 교수직을 사임했다. 유럽 곳곳을 여행하며 회복을 시도했다. 회복한 뒤, 그는 자기 자신이 아니라 시대를 향해 질문을 던졌다. 왜 근대인은 멈추지 못하는가. 왜 쉬는 것이 죄처럼 느껴지는가.

왜 서유럽에서만?

·········

　왜 근대 자본주의는 서유럽에서만 발전했는가? 시장은 어디에나 있었다. 중국의 상인은 유럽 상인보다 먼저 대규모 무역을 했다. 이슬람 세계는 금융 기법에서 앞서 있었다. 인도에는 수천 년 된 상인 카스트가 있었다. 탐욕은 인류 보편이다. 돈에 대한 욕망은 어디에나 있었다. 그런데 왜 조직적이고 합리적인 자본주의는 서유럽에서만, 그것도 특정 지역에서 폭발적으로 발전했는가? 1904년, 베버는 답을 내놓았다. 『프로테스탄트 윤리와 자본주의 정신』. 그의 답은 경제학자들의 예상을 빗나갔다. 탐욕이 자본주의를 만든 게 아니다. 공포가 만들었다.

예정설이라는 공포

·········

　이야기는 장 칼뱅에서 시작한다. 프랑스 출신의 종교개혁가. 칼뱅은 무서운 교리를 주장했다. 예정설Predestination. 누가 천국에 가고 누가 지옥에 가는지는 이미 정해져 있다. 태어나기 전에. 아니, 세상이 만들어지기 전에. 신이 결정했다. 절대적이고, 변경 불가능하고, 인간의 노력으로 바꿀 수 없다. 당신이 착하게 살든, 나쁘게 살든. 기도를 많이 하든, 적게 하든. 자선을 하든, 금식을 하든. 순례를 가든. 상관없다. 결과는 바뀌지 않는다. 이미 정해져 있다. 그리고 당신은 자기가 어느 쪽인지 알 수 없다. 가톨릭은 달랐다. 선행을 쌓으면 구원에 가까워졌다. 고해성사를 하면 죄가 사해졌다. 면죄부를 사면 연옥의 시간이 줄어들었다. 인간이 할 수 있는 것이 있었다. 거래가 가능했다. 희망이 있었다. 칼뱅주의에는 그것이 없다. 완전한 무력감. 완전한 불확실성. 이것이 얼마나 무서운 생각인지 상상해보자. 당신은 매일 기도한다. 성경을 읽는다. 선하게 살려고 노력한다. 이웃을 돕는다. 정직하게 산다. 그런데 사실 지옥행이 정해져 있을 수 있다. 알 수 없다. 옆집 사람은 술을 마시고, 도박을 하고, 거짓말을 밥 먹듯 한다. 그런데 사실 천국행이 정해져 있을 수 있다. 알 수 없다. 당신이 뭘 하든, 결과는 바뀌지 않는다. 자기가 어느 쪽인지도 모른 채. 베버는 이것을 "전례 없는 내면적 고독"이라고 불렀다.

불안이 낳은 엔진

....

인간은 불확실성을 견디지 못한다. 패턴이 없으면 만들어낸다. 원인이 없으면 지어낸다. 칼뱅주의자들도 같았다. "이미 정해졌고, 바꿀 수 없고, 알 수도 없다." 이 교리를 그대로 받아들이면 미쳐버린다. 그래서 우회로를 찾았다. 직접 알 수는 없다. 하지만 징표^{sign}는 찾을 수 있지 않을까? 신이 구원할 자를 정했다면, 그 사람에게 어떤 표시를 주지 않겠는가? 축복의 증거가 이 세상 어딘가에 드러나지 않겠는가? 그 징표를 어디서 찾았는가? 직업에서의 성공. 프로테

스탄트에서 직업은 단순한 밥벌이가 아니다. 신의 부르심^{Beruf, calling}
이다. 신이 당신을 그 자리에 두었다. 농부든, 상인이든, 장인이든. 그
일을 열심히 하는 것이 신의 뜻을 실현하는 것이다. 그리고 그 일에
서 성공한다면? 그것은 신이 당신 편이라는 증거다. 신이 당신의 노
동을 축복하고 있다는 신호다. 논리가 완성됐다. 구원은 정해져 있
다. 알 수 없다. 하지만 징표는 찾을 수 있다. 직업에서의 성공이 그
징표다. 열심히 일해서 성공하면, 구원받은 자라는 확신을 얻을 수
있다. 이제 멈출 수 없다. 멈추면 징표가 사라진다. 징표가 사라지면
불안이 돌아온다. 불안이 돌아오면 지옥이 보인다. 돈을 벌려고 일
한 게 아니다. 지옥이 무서워서 일한 것이다. 구원받았다는 안도감
을 얻으려고 일한 것이다. 돈은 목적이 아니라 부산물이었다. 이렇
게 인류 역사상 가장 열심히 일하는 인간 집단이 탄생했다.

금욕이 자본을 만들다

....

칼뱅주의자들은 미친 듯이 일했다. 돈을 벌었다. 많이 벌었다. 그
런데 그 돈을 어떻게 했을까? 쓰지 않았다. 사치는 죄악이었다. 쾌락
은 신을 모독하는 것이었다. 화려한 옷, 기름진 음식, 호화로운 가구.
신이 준 축복을 자기 쾌락에 탕진하는 것은 신에 대한 배신이었다.
번 돈으로 파티를 하면? 신이 등을 돌린다. 징표가 사라진다. 불안이
돌아온다. 열심히 벌되, 쓰지 마라. 그러면 돈은 어디로 가는가? 쌓인

다. 그리고 재투자된다. 번 돈으로 사업을 확장한다. 더 많이 번다. 그 돈도 쓰지 않는다. 또 투자한다. 더 번다. 이 사이클이 멈추지 않고 돌아간다.

> "부의 소비에 가해진 제약은 자연스럽게 부를 증가시켰다. 생산
> 적 자본 투자를 가능하게 함으로써."
>
> —『프로테스탄트 윤리와 자본주의 정신』

자본이 축적되고, 그 자본이 다시 자본을 낳고, 그 자본이 또 자본을 낳는 순환. 이 순환의 기원에 종교적 금욕이 있었다. 중세 가톨릭 세계에서 부자는 의심받았다. 예수가 말했다. "부자가 천국에 가는 것은 낙타가 바늘귀를 통과하는 것보다 어렵다." 돈을 많이 버는 것은 탐욕의 증거일 수 있었다. 칼뱅주의가 이것을 뒤집었다. 돈을 버는 것이 구원의 증거가 됐다. 부는 신의 축복이 됐다. 단, 그 축복을 향유하면 안 됐다. 누리는 순간, 축복은 저주로 바뀌니까. 벌되 쓰지 마라. 이 여섯 글자가 자본주의를 낳았다.

INSIGHT

왜 한국 부모들은 "아끼고 모아라"를 입버릇처럼 말하는가? 왜 돈을 쓰면 죄책감이 드는가? 왜 저축은 미덕이고 소비는 죄처럼 느껴지는가? 칼뱅을 읽은 적이 없는 우리에게도 그 윤리가 스며들어 있다. '성실함'이라는 이름으로.

시간은 돈이다

....

베버는 이 윤리가 종교를 벗어나 세속 세계로 퍼지는 과정을 추적했다. 결정적 인물로 벤저민 프랭클린을 든다. 프랭클린의 격언들을 보자.

"시간은 돈이다 Time is money."

"신용은 돈이다 Credit is money."

"돈은 돈을 낳는다 Money begets money."

"일찍 자고 일찍 일어나면 건강해지고, 부유해지고, 지혜로워진다."

처세술처럼 들린다. 성공 비결. 자기계발서의 원조. 베버는 고개를 저었다. 이것은 처세술이 아니다. 윤리다. 프랭클린에게 근면은 영리함의 문제가 아니라 도덕의 문제였다. 게으름은 비효율이 아니라 죄악이었다. 시간을 낭비하는 것은 어리석은 게 아니라 악한 것이었다. 신이 준 시간을 허비하는 것이니까. 시간은 돈이다. "시간을 아껴서 돈을 벌어라"가 아니다. 시간을 낭비하는 것 자체가 도덕적 실패. 시간을 돈으로 전환하지 않는 것이 죄다. 프랭클린 시대에 이미 종교적 맥락은 희미해져 있었다. 신의 부르심이니 구원의 징표니 하는 말은 사라졌다. 하지만 윤리는 남았다. 열심히 일하는 것이 옳다. 절약하는 것이 옳다. 돈을 버는 것이 옳다. 게으른 것은 나쁘다.

낭비하는 것은 나쁘다. 왜 옳은지, 왜 나쁜지는 더 이상 묻지 않는다. 그냥 옳다. 그냥 나쁘다. 종교는 떠났지만 윤리는 남았다. 이유는 사라지고 명령만 남았다.

> "자신의 재산에 대한 의무라는 관념은 — 인간은 순종적인 청지기로서, 혹은 돈 버는 기계로서 그 의무에 복종한다 — 차가운 무게로 그의 삶을 짓누른다."
>
> —『프로테스탄트 윤리와 자본주의 정신』

쇠우리 속의 현대인

....

여기서 아이러니가 시작된다. 원래 목적이 뭐였는가? 구원의 확신. 내가 신에게 선택받은 자라는 증거. 그래서 열심히 일했다. 돈은 목적이 아니라 징표였다. 그런데 시간이 흐르면서 종교는 사라졌다. 신앙은 약해졌다. 구원에 대한 불안은 희미해졌다. 하지만 생활 방식은 남았다. 껍데기만 남은 것이다. 이제 사람들은 왜 일하는지 모르면서 일한다. 신의 축복을 확인하려는 게 아니다. 그냥 일한다. 쉬면 불안하니까. 다들 그렇게 하니까. 안 하면 뒤처지니까. 베버는 이것을 "쇠우리iron cage"라고 불렀다.

> "청교도는 소명 안에서 일하기를 원했다. 우리는 그렇게 하지 않

을 수 없다. 금욕이 수도원을 나와 일상의 윤리를 지배하기 시작했을 때, 그것은 근대 경제 질서라는 거대한 코스모스를 건설하는 데 일조했다."

—『프로테스탄트 윤리와 자본주의 정신』

쇠우리. 들어갈 때는 이유가 있었다. 신의 부르심. 구원의 확신. 하지만 이제 이유는 사라지고 우리만 남았다. 그 안에서 계속 달린다. 왜 달리는지도 모르면서.

"승리한 자본주의는 기계적 토대 위에 서 있기에, 더 이상 그 지지를 필요로 하지 않는다."

—『프로테스탄트 윤리와 자본주의 정신』

INSIGHT

당신이 일요일에 불안한 이유가 여기 있다. 400년 전 칼뱅주의자들이 느꼈던 공포가 아직도 작동하고 있다. 종교는 사라졌지만 윤리는 남았다. "일해야 한다"는 명령이 이 사회에 새겨져 있다.

두 개의 명령

....

베버의 시대, 자본주의는 금욕 위에 서 있었다. 벌되 쓰지 마라.

절약하고 축적하라. 이것이 도덕이었다. 현대 자본주의는 정반대다. 써라. 더 써라. 경제가 돌아가려면 소비가 필요하다. GDP의 절반 이상이 소비다. 광고는 끊임없이 욕망을 자극한다. 신용카드는 없는 돈도 쓸 수 있게 해준다. 할부는 미래의 돈을 현재로 끌어온다. "절약은 미덕"이던 시대가 끝나고, "소비가 애국"인 시대가 됐다. 두 개의 명령이 충돌한다.

- 400년 된 명령: 열심히 일하라. 쉬지 마라. 아껴라.
- 현대의 명령: 열심히 써라. 누려라. 경험하라.

일하라면서 쓰라고 한다. 벌라면서 소비하라고 한다. 둘 다 따르려면 미쳐버린다. 베버의 금욕 윤리는 '아껴라'라고 말하고, 현대의 광고는 '써라'라고 말한다. 쇠우리 안에서 두 개의 벽이 동시에 좁혀온다.

> "전문가는 영혼이 없고, 향락가는 심장이 없다. 이 허무한 존재들은 인류가 도달한 적 없는 수준의 문명을 달성했다고 스스로 상상한다."
>
> —『프로테스탄트 윤리와 자본주의 정신』

한국이라는 쇠우리

....

한 가지 더. 베버는 서유럽, 특히 개신교 문화권을 분석했다. 한국은 칼뱅주의 국가가 아니다. 그런데 왜 한국에서 베버의 분석이 이토록 정확하게 들어맞는가? 한국은 압축 성장을 겪었다. 서양이 200년에 걸쳐 경험한 것을 50년 만에 통과했다. 가난에서 풍요로, 농업에서 산업으로, 전통에서 근대로. 그 과정에서 "일하지 않으면 죽는다"는 것이 문자 그대로 사실이었던 세대가 있다. 전쟁 후 폐허에서 "근면 성실"은 생존 전략이었고, 그 세대가 자녀를 키우면서 그 윤리를 전달했다. 교회가 아니라 전쟁이 금욕을 만들었다. 칼뱅이 아니라 가난이 쇠우리를 지었다. 하지만 결과는 같다. 쉬면 죄책감. 멈추면 불안. 게으르면 나쁜 사람. 한국의 노동시간은 OECD 최상위권이다. 한국의 자살률도 OECD 최상위권이다. 한국의 출산율은 세계 최저다. 일하고, 지치고, 쓰러진다. 그런데 멈추지 못한다. 쇠우리는 서유럽에만 있지 않았다.

쇠우리를 본다는 것

....

베버는 비관적이었다.

"아무도 모른다. 이 거대한 발전의 끝에 완전히 새로운 예언자들이 나타날 것인지, 아니면 옛 사상의 강력한 부활이 있을 것인지, 아니면 그 어느 쪽도 아니라면 일종의 경련적 자기 과시로 치장된 기계적 화석화가 올 것인지."

— 『프로테스탄트 윤리와 자본주의 정신』

그는 답을 주지 않았다. 질문을 열어놓았다. 하지만 하나는 분명하다. 쇠우리가 있다는 것을 아는 것과 모르는 것은 다르다. 모르면, 쉬지 못하는 자기를 탓한다. 번아웃이 오면 자기 관리를 못 한 탓이라고 생각한다. 불안은 성격의 문제라고 생각한다. 자기계발서를 사서 "마음 관리법"을 배운다. 알면, 질문이 달라진다. 이 불안은 나의 것인가, 400년 된 시스템의 것인가? 내가 달리는 이유는 내가 원해서인가, 쇠우리가 그렇게 설계되어 있어서인가? 쇠우리를 부술 필요는 없다. 부술 수 있는지도 모른다. 하지만 안에 있다는 것을 아는 것. 명령이 어디서 왔는지 아는 것. 그것만으로 숨통이 하나 트인다.

베버 더 읽기

• 『프로테스탄트 윤리와 자본주의 정신』 왜 자본주의는 개신교에서 태어났는가 난이도 ★★★☆☆

Max
Weber

벤야민의
종교

자본주의는 우리가 믿는 신이 되었다

04

Walter
Benjamin

돈은 어쩌다 신이 되었는가? 발터 벤야민은 100년 전에 네 페이지에 답을 써놓고 죽었다. 자본주의는 종교다. 벤야민처럼 생각한다는 것은, 쇼핑몰에서 지갑을 열 때 "지금 나는 헌금하고 있다"는 것을 아는 것이다.

일요일 아침, 당신은 어디에 있는가

....

일요일 아침이다. 500년 전의 일요일 아침을 상상해보자. 유럽의 작은 마을. 종소리가 울린다. 사람들이 집에서 나온다. 교회로 향한다. 그 주의 노동을 내려놓고, 신 앞에 선다. 찬송을 부른다. 기도한다. 설교를 듣는다. 참회한다. 교회를 나서면 마음이 가볍다. 이번 주도 살아갈 수 있다. 지금의 일요일 아침. 당신은 어디에 있는가?

침대에서 스마트폰을 켠다. 주식이 올랐나 확인한다. 카드값이 빠져나갔나 확인한다. 쿠팡에서 어젯밤 주문한 게 배송됐나 확인한다. 인스타그램을 연다. 누군가 발리에서 찍은 사진. 누군가 새로 산 차. 누군가 오마카세에서 찍은 접시. 스크롤을 내린다. 결핍이 차오른다. 점심쯤 나간다. 어디로? 쇼핑몰이다. 백화점이다. 아울렛이다. 높은 천장. 대리석 바닥. 화려한 조명. 에스컬레이터를 타고 올라가며 양쪽의 매장을 본다. 유리 너머로 빛나는 물건들. 가격표. 사실 꼭 살 것은 없다. 하지만 간다. 거닌다. 구경한다. 동경한다. 당장 살 능력이 없어도 간다. 언젠가 저걸 사겠다고 다짐한다. 작은 것 하나를 산다. 카드를 긁는다. 봉투를 받아든다. 기분이 좀 나아진다.

교회의 자리를 쇼핑몰이 대신했다. 스테인드글라스는 쇼윈도우가 되었다. 찬송가는 매장의 BGM이 되었다. 설교는 팝업 스토어의 브랜드 스토리가 되었다. 헌금은 결제가 되었다. 우연일까? 한 남자가 이것을 우연이 아니라고 말했다.

포르부의 밤

....

발터 벤야민.독일의 철학자. 유대인이었다. 나치가 독일을 장악하자 파리로 도망쳤다. 파리가 함락되자 다시 도망쳤다. 프랑스 남부를 거쳐 스페인으로 넘어가려 했다. 피레네 산맥을 넘었다. 국경마을 포르부Portbou에 도착했다. 1940년 9월 25일. 그날, 스페인 국경이 닫혀 있었다. 내일이면 프랑스 비시 정부에 넘겨진다. 넘겨지면 나치에게 간다. 나치에게 가면 죽는다.

그날 밤, 벤야민은 호텔 방에서 모르핀을 과다복용했다. 마흔여덟 살이었다. 가방 안에 미완성 원고가 들어 있었다고 전해진다. 생전에 인정받지 못했다. 교수직을 얻지 못했다. 책이 팔리지 않았다. 하지만 죽은 뒤, 20세기 가장 영향력 있는 사상가 중 한 명으로 재평가되었다.

1921년, 스물아홉 살의 벤야민이 쓴 짧은 글이 있다. 「종교로서의 자본주의」. 네 페이지짜리 미완성 원고. 생전에 출판되지 않았다. 사후 수십 년이 지나 유고에서 발견되었다. 네 페이지. 미완성. 그런데 그 안에 모든 것이 들어 있었다.

"자본주의는 순전히 제의적인^{kultisch} 종교다. 아마도 지금까지 존재한 것 중 가장 극단적인 종교일 것이다."

—「종교로서의 자본주의」

자본주의는 경제 시스템이 아니다. 종교다.

쉬는 날이 없는 종교

....

벤야민이 발견한 첫 번째 특징.

"이 종교에는 교리도, 신학도 없다. 자본주의는 순전히 제의의 거행^{Zelebration eines Kultes}이다. 쉬는 날이 없는 제의. 평일이 없다."

—「종교로서의 자본주의」

기독교에는 안식일이 있다. 일주일에 하루, 신 앞에 서고, 나머지 6일은 세속의 시간이다. 유대교의 샤바트는 더 엄격하다. 금요일 해질녘부터 토요일 해질녘까지 일체의 노동을 멈춘다. 불을 켜지도, 요리를 하지도, 전화를 받지도 않는다. 세상이 멈추는 시간. 자본주의에는 그런 시간이 없다. 월요일부터 금요일까지 일한다. 돈을 번다. 토요일과 일요일에 쉬는가? 쇼핑을 한다. 돈을 쓴다. 버는 것도 돈의 의식이고, 쓰는 것도 돈의 의식이다.

밤에 잠을 자는가? 미국 주식 시장은 그 시간에 열린다. 비트코인은 24시간 거래된다. 새벽에 눈을 떠서 가장 먼저 하는 일. 스마트폰을 켠다. 올랐나. 내렸나. 휴가를 간다. 쉬는가? 리조트에서 결제하고, 맛집에서 결제하고, 카페에서 결제하고, 기념품 가게에서 결제한다. 여행에서 돌아온다. 카드 명세서를 확인한다. "얼마 썼지?" 휴가조차 돈의 의식 안에 있다. 돈을 한 번도 생각하지 않는 시간이 있는가? 하루 중에? 일주일 중에? 전통 종교는 멈추는 시간을 만들어줬다. 안식일이라는 출구. 자본주의는 그 출구를 없앴다. 24시간, 365일, 제의가 계속된다. 역사상 삶 전체를 집어삼킨 최초의 종교

죄와 빚

....

벤야민이 발견한 두 번째 특징. 이것이 가장 무섭다.

"자본주의는 아마도 죄를 사면하지 않고 죄책감을 주는 최초의 제의일 것이다. 거대한 죄책감 속에서 구원을 꿈꾸지 않고, 죄책감 자체를 보편화시키는 제의다."

— 「종교로서의 자본주의」

전통 종교는 구원을 약속한다. 기독교는 믿으면 구원받는다고 말한다. 불교는 집착을 버리면 해탈한다고 말한다. 힘들어도 견뎌

라. 끝에는 빚이 있다. 출구가 있다. 자본주의는? "더 벌어야 해." 얼마나? "더." 충분히 벌었는데? "충분하다는 건 없어." 남들은 더 많이 가지고 있다. 남들은 더 빨리 달리고 있다. 당신은 뒤처져 있다. 항상. 이것이 자본주의의 죄의식이다. 영원히 채울 수 없는 부족함. 구원은 없고 죄책감만 쌓인다. 벤야민이 주목한 것이 있다. 독일어에서 Schuld라는 단어는 "죄guilt"와 "빚debt"을 동시에 뜻한다. 같은 단어다. 빚진 자는 곧 죄인이다.

자본주의에서 빚으로부터 자유로운 사람이 있는가? 학자금 대출. 대학에 가기 위해 빚을 진다. 사회에 나오기도 전에 이미 빚이 있다. 전세 대출. 살 곳을 마련하기 위해 빚을 진다. 주택담보대출. 집을 사기 위해 수십 년간 갚아야 할 빚을 진다. 카드값. 이번 달 소비를 다음 달의 노동으로 갚는다. 빚을 갚기 위해 일한다. 갚으면 또 빌린다. 더 큰 집, 더 좋은 차, 더 나은 삶을 위해. 빚이 늘어난다. 일을 더 한다. 갚는다. 또 빌린다. 끝나지 않는다.

과거의 종교에서 죄는 참회하면 사해졌다. 고해성사를 하면 용서됐다. 빠져나갈 수 있었다. 자본주의의 빚은 참회로 사라지지 않는다. 갚아야만 한다. 갚아도 새로운 빚이 기다리고 있다. 구원 없는 죄. 끝없는 빚. 이것이 벤야민이 말한 "죄책감을 보편화시키는 제의"다.

하루 수천 번의 설교

·········

종교에는 설교가 있다. 목사가 말씀을 전한다. 신자들은 앉아서 듣는다. 어떻게 살아야 하는지, 무엇을 믿어야 하는지. 자본주의의 설교는 광고다. 하루에 몇 번이나 광고를 보는가? 스마트폰을 열 때마다. 유튜브를 볼 때마다. 지하철에서. 버스에서. 건물 외벽에서. 엘리베이터 안에서. 현대인은 하루에 수백에서 수천 개의 광고 메시지에 노출된다. 중세의 가장 독실한 수도사가 하루에 몇 번이나 종교적 메시지를 접했을까? 새벽 기도, 오전 기도, 정오 기도, 오후 기도, 저녁 기도, 취침 기도. 많아야 여섯에서 일곱 번이다. 당신은 중세 수도사보다 수백 배 더 많은 설교를 매일 듣고 있다. 그 설교의 내용은 하나다.

"당신에게는 이것이 없다. 그래서 당신은 불완전하다. 이것을 사면 완전해진다." 광고는 행복을 팔지 않는다. 결핍을 판다. 없던 결핍을 만들어낸다. "이 향수를 뿌리면 매력적이 됩니다." 뿌리기 전에는 매력적이지 않았다는 뜻이다. "이 차를 타면 성공한 삶입니다." 타기 전에는 성공하지 못했다는 뜻이다.

그래서 산다. 잠깐 채워진다. 곧 새로운 광고가 새로운 결핍을 알려준다. 또 산다. 결핍이 만들어지고, 구매로 참회하고, 잠깐 충족되고, 다시 결핍이 온다. 이 순환에서 빠져나올 수 없다. 빠져나오면 경제가 멈추니까. 광고가 설교라면, 브랜드는 성인이다. 중세 성인들의 이름은 프란치스코, 아우구스티누스, 테레사였다. 신자들은 그들의 삶을 본받으려 했고, 성화를 집에 걸고, 성인의 메달을 목에 걸었다. 현대의 성인은 나이키, 애플, 샤넬이다. 사람들은 그들의 로고를 가슴에, 손목에, 발에 건다. 제품을 사는 게 아니다. 그 브랜드가 약속하는 삶을 사는 것이다. "이걸 사면 당신은 이런 사람이 됩니다." 물론 되지 않는다. 그래서 또 산다.

성장이라는 교리

·········

모든 종교에는 교리가 있다. 의심하면 안 되는 핵심 믿음. 자본주의의 교리는 성장이다. 경제는 성장해야 한다. 기업은 성장해야 한다. 개인은 성장해야 한다. 작년보다 올해, 올해보다 내년. 더 많이 생산하고, 더 많이 소비하고, 더 많이 벌어야 한다. 성장이 멈추면? 위기다. 불황이다. 뉴스가 떠들썩해진다. 주가가 떨어진다. 사람들이 공포에 빠진다. 왜 성장해야 하는가?

"성장해야 일자리가 생기니까." 왜 일자리가 필요한가? "일해야 돈을 버니까." 왜 돈을 벌어야 하는가? "돈이 있어야 소비하니까." 왜 소비해야 하는가? "소비해야 경제가 성장하니까." 원을 한 바퀴 돌았다. 성장을 위해 성장한다. 수단이 목적이 되었다. 지구는 유한하다. 자원은 유한하다. 무한히 성장할 수 없다는 건 누구나 안다. 하지만 성장을 의심하면 이단이다. "탈성장"을 말하면 현실을 모르는 사람 취급을 받는다. 교리는 논리적일 필요가 없다. 의심하면 안 된다. 믿으면 된다. 이것이 종교의 특징이다.

INSIGHT

"성장"이라는 단어를 들을 때마다 물어보자. 무엇을 위한 성장인가? 누구를 위한 성장인가? 답할 수 없다면, 그것은 논리가 아니라 신앙이다.

신이 죽고, 돈이 왔다

....

니체는 1882년에 선언했다. "신은 죽었다." 신이 물리적으로 죽은 게 아니다. 신이 차지하던 자리가 비었다는 뜻이다. 과학이 발전하고 이성의 시대가 오면서, 삶의 절대적 기준이 사라졌다. 의미의 원천이 텅 빈 것이다. 인류는 그 빈자리를 비워두지 못했고, 새로운 신을 찾았다. 바로 돈이다. 완벽한 대체신이었다. 이전의 신은 보이지 않았다. 만질 수 없었고 증명할 수 없었다. 돈은 보인다. 만질 수 있다. 측정할 수 있다. 통장 잔고가 신앙의 깊이고, 연봉이 구원의 척도다. 숫자는 거짓말을 하지 않으니까.

과거의 신은 하늘에 있었다. 하지만 새로운 신은 지갑 속에 있다. 벤야민은 이 과정을 기생충의 비유로 설명했다. 자본주의는 기독교의 몸 안에서 자랐다. 종교의 껍데기 안에서 다른 무언가가 성장했다. 그리고 어느 순간 숙주를 대체했다. 교회 건물은 그대로인데, 사람들이 진짜 숭배하는 것이 바뀌어 있었다.

INSIGHT

"부자 되세요." 한국에서 가장 흔한 인사 중 하나다. 과거에는 "복 받으세요"였다. 인사가 바뀌었다. 숭배하는 것이 바뀌었기 때문이다.

네 페이지의 무게

....

벤야민은 답을 주지 않았다. 네 페이지짜리 미완성 원고. 결론이 없다. 처방이 없다. 나치를 피해 도망치다 마흔여덟에 죽었으니까. 하지만 진단은 100년이 지난 지금 더 정확해졌다. 자본주의는 종교다. 쉬는 날이 없는 종교. 구원 없이 죄책감만 쌓이는 종교. 교리를 의심하면 이단이 되는 종교. 그리고 우리는 그 종교의 신도다. 매일 예배에 참석하고, 헌금을 바치고, 설교를 듣고, 교리를 암송한다. 대부분은 이것을 의식하지 못한다. 하지만 안다는 것과 모른다는 것은 다르다.

쇼핑몰에서 문득 깨닫는 순간. "내가 지금 예배를 드리고 있구나." 카드를 긁다가 문득 깨닫는 순간. "이게 헌금이구나." 그 순간들이 쌓이면, 무의식적 신도에서 깨어 있는 관찰자로 한 발짝 옮긴다. 게임에서 빠져나오는 것이 아니다. 빠져나올 수는 없다. 하지만 규칙을 보면서 게임을 하는 것과, 규칙을 모르면서 끌려다니는 것은 같은 삶이 아니다.

벤야민 더 읽기

• 「종교로서의 자본주의」 네 페이지에 담긴 자본주의의 본질   난이도 ★★★☆☆

Walter
Benjamin

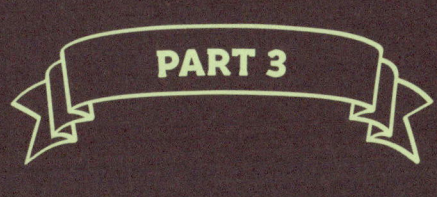

PART 3

판을 읽는 눈

보이지 않는 것이 게임을 결정한다

케인스의
미인대회

시장은 가치가 아니라 기대를 예측하는 게임이다

01

John Maynard Keynes

가격이란 무엇인가? 존 메이너드 케인스는 답한다. 가격은 가치가 아니다. 기대다. 케인스처럼 생각한다는 것은, '이것이 좋은가?'를 묻기 전에 '남들은 이것이 좋다고 생각할까?'를 묻는 것이다. 이 순서가 뒤집히는 순간, 돈의 세계가 다르게 보인다.

100장의 사진

....

1930년대 영국. 신문에 이상한 대회가 실렸다. 미인대회. 100장의 여성 사진이 지면에 실린다. 독자들은 가장 예쁜 사람 여섯 명을 고른다. 단순해 보인다. 내가 보기에 가장 예쁜 사람을 고르면 되지 않나? 아니다. 상금은 가장 많은 사람들이 뽑은 사람을 고른 사람에게 돌아간다. 상금을 받으려면 내 취향은 접어야 한다. 다른 사람들이 예쁘다고 생각할 사람을 골라야 한다. 평균적인 미인을. 대중적인 얼굴을.

여기서 한 단계 더 들어간다. 다른 사람들도 바보가 아니다. 그들도 "다른 사람들이 뭘 좋아할까"를 생각하고 있다. 그러면 나는 뭘 생각해야 하는가? 다른 사람들이 "다른 사람들이 뭘 좋아할까"를 어떻게 생각할지를 생각해야 한다. 머리가 아파온다. 한 단계 더. 다른 사람들도 이걸 알고 있다. 그들도 "다른 사람들이 다른 사람들을 어떻게 생각할지"를 생각하고 있다. 그러면 나는… 무한히 돌아간다. 거울 앞에 거울을 놓은 것처럼. 끝이 없다. 이 대회의 구조를 꿰뚫어본 남자가 있다. 그는 여기서 신문 대회 이상의 것을 봤고, 돈이 움직이는 세계 전체의 원리를 봤다.

두 번 망한 세계 최고의 경제학자

....

존 메이너드 케인스. 20세기 가장 영향력 있는 경제학자. 대공황 시대, 경제학자들은 시장이 알아서 균형을 찾는다고 믿었다. 불황이 와도 가만히 두면 회복된다고 했다. 케인스는 아니라고 말했다. 시장은 스스로 회복하지 않는다. 정부가 돈을 써야 한다. 1936년 『고용, 이자 및 화폐의 일반이론』이 한 권이 경제학의 판을 뒤집었다. 전후 세계 경제 정책의 기초가 됐다. 경제학에서는 케인스 이전과 이후로 나뉜다. 하지만 케인스는 책상 앞에만 앉아 있지 않았다. 직접 투자했다. 케임브리지 대학교 킹스 칼리지의 기금을 운용해서 약 20년간 12배 이상 불렸다. 같은 기간, 영국 주식시장은 전체가 거의 제자리였다. 이론가이자 실전 투자자. 드문 조합이었다. 그런 남자가 두 번이나 파산할 뻔했다.

첫 번째. 1920년대 초. 케인스는 독일 마르크화에 베팅했다. 전쟁이 끝났으니 독일 경제가 회복될 것이라고 분석했다. 논리적이었다. 하지만 시장은 그의 분석에 동의하지 않았다.마르크화는 계속 떨어졌고 그는 큰돈을 잃었다.

두 번째. 1920년대 말. 고무, 면화, 주석 같은 원자재에 베팅했다. 확신이 있었다. 자기 돈을 넣었다. 빚까지 냈지만, 원자재 가격이 폭락했고 거의 전 재산을 잃었다. 세계 최고의 경제학자가, 시장을 누구보다 잘 이해한 남자가, 두 번이나 망할 뻔했다. 이 경험이 그를 바꿨다. 케인스는 돈의 세계에 대해 근본적으로 다시 생각했다. 그리고 핵심을 잡았다.

> "전문 투자는 신문사 미인대회에 비유할 수 있다. 각 참가자는 자신이 가장 예쁘다고 생각하는 얼굴이 아니라, 다른 참가자들이 가장 예쁘다고 생각할 얼굴을 골라야 한다. 3차, 4차, 5차에 이르기까지 동일한 원리가 적용된다."
>
> ─『고용, 이자 및 화폐의 일반이론』

내가 옳은지는 중요하지 않다. 남들이 뭘 생각하는지가 중요하다. 이것이 돈의 세계의 가장 기본적인 법칙이다.

가격은 가치가 아니다

·········

이 법칙을 체감해보자. 비트코인. 비트코인의 "진짜 가치"는 얼마인가? 어떤 사람은 0원이라고 한다. 실물이 없다. 공장이 없다. 직원이 없다. 배당이 없다. 이자가 없다. 만질 수도 없다. 어떤 사람은 수억 원이라고 한다. 발행량이 정해져 있다. 희소성이 있다. 탈중앙화된 미래의 화폐다. 디지털 금이다. 2017년, 비트코인은 1,000달러에서 20,000달러로 올랐다. 20배. "아직 초입이다." "10만 달러 간다." 사람들이 사니까 올랐고, 오르니까 사람들이 샀다.

2018년, 20,000달러에서 3,000달러로 떨어졌다. 85% 하락. "죽었다." "사기였다." 사람들이 파니까 떨어졌고, 떨어지니까 사람들이 팔았다. 2021년, 다시 69,000달러. 2022년, 다시 16,000달러. 2024년, 다시 10만 달러를 넘었다. 비트코인 자체가 달라진 게 있는가? 기술이 바뀌었나? 발행량이 바뀌었나? 아니다. 바뀐 것은 사람들의 기대다. "오를 것 같다"와 "떨어질 것 같다" 사이를 왔다 갔다 한 것이다.

케인스의 관점에서 보면, "비트코인의 진짜 가치는 얼마인가?"라는 질문 자체가 미인대회를 이해하지 못한 질문이다. 중요한 것은 "다른 사람들이 비트코인에 얼마를 낼 의향이 있는가?"다. 그 의향이 가격을 만든다. 의향이 바뀌면 가격이 바뀐다.아무것도 달라지지 않았는데 말이다. 가격은 가치가 아니다. 기대다.

서울 아파트의 미인대회

....

이것을 가장 체감할 수 있는 곳이 부동산이다. 집을 산다. 어떤 집을 사야 하는가? "내가 살기 좋은 집"을 사면 되지 않나? 미인대회를 이해했다면, 답은 다르다. 다른 사람들이 원할 집을 사야 한다. 학군. 자녀가 없어도 학군이 좋으면 가격이 오른다. 왜? 다른 사람들이 원하니까. 다른 사람들의 자녀가 있으니까. 역세권. 차로 출퇴근해도 역세권이면 가격이 오른다. 왜? 다른 사람들이 원하니까. 다른 사람들은 지하철을 타니까. 브랜드 아파트. 실제 품질 차이는 5%인데 가격 차이는 30%일 수 있다. 왜? 다른 사람들이 그 브랜드를 원하니까. 다른 사람들이 가격을 밀어올리니까.

2021년, 한국 부동산이 폭등했다. "지금 안 사면 영원히 못 산다." "다들 사고 있다." "더 오를 거다." 사람들은 집이 필요해서 산 게 아니었다. 다른 사람들이 살 거라서 샀다. 다른 사람들이 사면 가격이 오르고, 가격이 오르면 더 많은 사람이 사고, 더 많은 사람이 사면 가격이 더 오르니까. 미인대회의 전형적 구조다. 2022-2023년, 부동산이 떨어졌다. "이제 떨어진다." "다들 관망한다." "더 떨어질 거다." 같은 집이다. 같은 위치, 같은 면적, 같은 학군, 같은 역세권이다. 집 자체는 안 변했다. 변한 것은 기대다. "오를 거다"가 "떨어질 거다"로 바뀐 것이다.

> **INSIGHT**
>
> 부동산이든 주식이든, 가격이 오르는 이유를 물어라. "이것이 좋아서" 오르는 건가, "다른 사람들이 살 거라서" 오르는 건가? 답이 후자라면, 그 "다른 사람들"이 멈추는 순간 가격도 멈춘다.

야성적 충동

....

가격이 기대라면, 그 기대는 어디서 오는가? 합리적 분석? 치밀한 계산? 데이터? 케인스는 고개를 저었다.

"인간의 적극적 행동 대부분은 수학적 기대값 계산이 아니라 야성적 충동animal spirits에 의존한다."

—『고용, 이자 및 화폐의 일반이론』

야성적 충동. 동물적 본능. 앞으로 잘 될 것 같은 근거 없는 낙관. 혹은 이제 끝이라는 근거 없는 비관. 물론 분석하는 사람이 있다. 재무제표를 읽고, 시장 데이터를 보고, 모델을 돌린다. 케인스가 말한 건 그런 사람이 없다는 게 아니다. 문제는 분석의 한계다. 미래는 불확실하다. 10년 후 이 회사가 어떻게 될지 아무도 모른다. 이 동네 집값이 어떻게 될지 아무도 모른다. 데이터는 과거를 보여줄 뿐이다. 미래에 대한 데이터는 없다.그런데도 결정을 내려야 한다. 투자를 해야 한다. 집을 사야 한다. 사업을 시작해야 한다.

분석이 끝나는 지점에서 인간은 본능에 기댄다. "될 것 같다." "안 될 것 같다." 이 직감이 야성적 충동이다. 그리고 이 충동은 전염된다. 낙관이 퍼지면 모두가 낙관한다. "다들 좋다고 하니까 좋은 거겠지." 비관이 퍼지면 모두가 비관한다. "다들 안 좋다고 하니까 안 좋은 거겠지." 근거 없이 퍼진 낙관이 가격을 밀어올리고, 올라간 가격이 낙관의 근거가 된다. 근거 없이 퍼진 비관이 가격을 끌어내리고, 내려간 가격이 비관의 근거가 된다.

1929년, 군중의 광기

....

케인스는 이것을 눈으로 봤다. 1920년대 미국. "광란의 20년대 Roaring Twenties." 주식시장이 폭등했다. 모두가 주식을 샀다. 택시 기사가 주식 이야기를 했고, 구두닦이 소년이 투자 팁을 줬다는 일화가 떠돌았다. 빚을 내서 주식을 샀다. 마진 거래. 레버리지. "지금 안 사면 바보다." "영원히 오를 거다." 낙관이 낙관을 낳았다. 가격이 오르니까 더 샀고, 더 사니까 가격이 올랐다. 끝이 보이지 않았다.

1929년 10월 24일, "검은 목요일." 폭락이 시작됐다. 10월 29일, "검은 화요일." 하루 만에 시장 가치의 12%가 증발했다. 공포가 퍼졌다. "팔아야 해." "다 팔고 있어." 야성적 충동의 방향이 180도 바뀌었다. 어제까지 "영원히 오른다"고 했던 사람들이 오늘 "전부 끝났다"고 말했다. 팔수록 떨어졌고, 떨어질수록 팔았다.

1929년 정점에서 1932년 바닥까지, 다우존스 지수는 89% 하락했다. 회복하는 데 25년이 걸렸다. "진짜 가치"가 89% 증발한 게 아니다. 공장은 그대로 서 있었다. 기술은 사라지지 않았다. 노동자는 여전히 일할 수 있었다. 바뀐 것은 하나. 기대. 야성적 충동이 낙관에서 비관으로 뒤집힌 것. 미인대회에서 갑자기 모든 참가자가 다른 사진을 고르기 시작한 것.

> "시장은 당신이 지불 능력을 유지할 수 있는 것보다 더 오래 비합리적일 수 있다."
>
> — 케인스에게 자주 귀속되는 경구

옳아도 소용없다

·········

케인스의 두 번의 파산으로 돌아가자. 독일 마르크화. 케인스의 분석이 틀렸는가? 장기적으로 보면, 독일 경제는 결국 회복됐다. 하지만 시장은 케인스에게 동의하지 않았다. 동의할 때까지 케인스가 버틸 수 없었다. 이것이 미인대회의 가장 잔인한 진실이다. 옳아도 소용없다. 다른 사람들이 동의하지 않으면 가격은 내 생각대로 움직이지 않는다. 다른 사람들이 동의할 때까지 내가 버틸 수 없으면 게임은 끝이다. 파산이다. "이 집은 저평가됐어. 언젠가 오를 거야." 맞을 수 있다. 하지만 그 "언젠가"가 10년 후라면? 그동안 이자를 낼 수 있는가? 대출 만기가 도래하면?

"이 주식은 좋은 회사야. 시장이 몰라볼 뿐이야." 맞을 수 있다. 하지만 시장이 알아볼 때까지 당신의 돈이 남아 있는가? 계좌가 반토막 났을 때 팔지 않고 버틸 수 있는가? "이 사업은 될 거야. 시간이 필요할 뿐이야." 맞을 수 있다. 하지만 시간이 오기 전에 자금이 바닥나면? 케인스는 그것을 몸으로 배웠다. 옳은 것과 돈을 버는 것은 다르다.

미인대회는 투자 바깥에도 있다

....

케인스는 투자를 이야기했다. 하지만 미인대회의 구조는 돈이 오가는 모든 곳에 작동한다. 취업을 예로 들어보자. "내가 좋아하는 일"을 하면 될까? 아니다. 고용주가 원하는 인재가 되어야 한다. 그리고 고용주도 미인대회를 하고 있다. 인사 담당자가 지원자를 뽑을 때, 순수하게 실력만 볼까? "뽑아서 문제 안 될 사람"을 고르는 경우가 많다. 좋은 학벌, 인지도 있는 전 직장. 실력이 나아서? 아니면 "이 사람을 뽑은 이유"를 나중에 설명하기 쉬워서? 인사 담당자도 자기의 미인대회를 하고 있다. 자기 상사가 납득할 선택을 해야 한다.

사업을 예로 들어보자. 제품을 만든다. "내가 만들고 싶은 것"을 만들면 될까? 아니다. 고객이 살 것을 만들어야 한다. 그리고 고객도 미인대회를 하고 있다. 고객은 자기가 진짜 원하는 것만 사지 않는다. 남들이 쓰는 것, 남들이 인정하는 것, 남들에게 보여줄 수 있는 것을 산다. 콘텐츠를 예로 들어보자. 글을 쓰고, 영상을 만든다. "내가 하고 싶은 이야기"를 하면 될까? 아니다. 알고리즘은 대중이 볼 것을 밀어준다. 대중이 볼 것은 대중이 좋아할 것이다. 여기도 미인대회다.

INSIGHT

어떤 결정을 내리기 전에, 두 가지 질문을 분리하라. "이것이 좋은가?" 그리고 "남들은 이것이 좋다고 생각할까?" 두 질문의 답이 다른가? 돈의 세계에서는 두 번째 질문이 가격을 결정한다.

케인스가 배운 것

....

케인스는 두 번의 파산 위기 이후 투자 스타일을 완전히 바꿨다. 초기의 케인스는 거시경제를 분석하고 큰 방향에 베팅했다. 마르크화, 원자재, 환율. "세계 경제가 이렇게 될 거니까 이쪽에 걸겠다." 이론가의 투자였다. 그러나 후기의 케인스는 달랐다. 소수의 좋은 기업을 골라서 오래 보유했다. 분산하지 않고 집중했다. 단기 예측을 포기했다. 미인대회에서 승리하려고 하지 않았다. 대신 미인대회와 무관하게 가치가 있는 것을 오래 들고 있었다. 그리고 12배를 불렸다. 아이러니다. 미인대회의 구조를 가장 정확하게 꿰뚫어본 남자가, 미인대회에 참여하지 않는 것으로 최종 승리했다. 하지만 이것이 가장 어렵다. 주변이 모두 달릴 때 서 있는 것. 모두가 "오른다"고 할 때 사지 않는 것. 모두가 "끝났다"고 할 때 팔지 않는 것. 미인대회를 이해하는 것과 미인대회에 휩쓸리지 않는 것은 전혀 다른 능력이다.

INSIGHT

미인대회를 이해하는 것은 쉽다. 미인대회 안에서 휩쓸리지 않는 것은 어렵다. "다들 산다"는 말이 들릴 때, 그것이 근거인지 충동인지 구분할 수 있는가. 구분할 수 있다면, 당신은 이미 대부분의 참가자보다 유리한 위치에 있다.

판을 읽는 눈

소로스의
재귀성

믿음이 현실을 만든다

02

George
Soros

케인스는 가격이 가치가 아니라 기대라는 것을 보여줬다. 조지 소로스는 한 걸음 더 나아간다. 기대는 현실을 구경만 하지 않는다. 기대가 현실을 바꾼다. 소로스의 통찰을 안다는 것은 '재귀성'이라는 단어를 외우는 것이 아니다. 내 믿음이 현실을 만들고, 그 현실이 다시 내 믿음을 강화하는 고리를 보는 것이다.

자기실현적 예언

....

월요일 아침, 출근길에 뉴스를 본다. "○○은행 위기설." 별 생각 없이 넘기려다 점심에 동료가 말한다. "야, ○○은행 괜찮은 거야? 나 거기 예금 있는데." 오후에 단톡방이 울린다. "○○은행 뱅크런 시작됐대." 뱅크런. 은행에 사람들이 몰려가서 예금을 찾는 것이다. 당신은 어떻게 하겠는가? 차분하게 생각해보면 안다. 은행은 고객의 예금을 모두 금고에 쌓아두지 않는다. 빌려주고 투자한다. 수백만 명이 동시에 돈을 찾으러 오면 어떤 은행이든 현금이 모자란다. 아무리 건전한 은행이라도.

그러니까 이성적으로는 지금 달려갈 이유가 없다. 은행이 실제로 부실한 건지 아직 모른다. 소문일 수도 있다. 하지만 당신은 생각한다. "다른 사람들이 돈을 찾으러 가면? 은행에 현금이 바닥나면? 내 돈을 못 찾으면?" 결국 당신도 은행에 간다. 당신만 그런 게 아니다. 같은 생각을 한 수십만 명이 은행에 간다. 은행 앞에 줄이 생긴다. 줄이 길어지면 뉴스에 나온다. 뉴스를 본 사람들이 더 몰려온다. 은행은 실제로 현금이 바닥난다. 인출을 제한한다. "인출 제한"이라는 뉴스가 뜨면? 공포가 확산된다. 더 많은 사람이 달려온다.

처음에 은행은 멀쩡했다. 위기는 소문이었다. 하지만 소문을 믿은 사람들의 행동이 진짜 위기를 만들었다. 예언이 스스로를 실현한 것이다.이것이 조지 소로스가 평생 연구한 현상이다. 그는 이것을 재귀성reflexivity이라고 불렀다. 믿음이 현실을 바꾸고, 바뀐 현실이 다시 믿음을 강화하는 고리.

전쟁에서 살아남은 소년

....

조지 소로스는 헝가리 부다페스트에서 태어났다. 유대인이었다. 1944년, 나치가 헝가리를 점령했다. 그때 소로스는 열네 살이었다. 아버지가 위조 신분증을 구해줬다. 소로스는 기독교 소년으로 위장해 살아남았다. 같은 해 헝가리 유대인 약 43만 명이 아우슈비츠로 이송되었다. 이 경험이 소로스에게 남긴 것이 있다. 확실한 것은 없다는 감각. 어제까지 안전했던 세계가 하루아침에 무너진다. 모두가 믿던 질서가 순식간에 사라진다. 현실은 견고하지 않다. 전쟁 후 런던으로 건너간 소로스는 런던정경대학LSE에서 철학자 칼 포퍼Karl Popper 밑에서 공부했다. 포퍼의 핵심 가르침은 단순했다. 인간의 지식은 불완전하다. 어떤 이론도 완전히 증명될 수 없다.

소로스는 이 생각을 금융시장에 가져갔다. 투자자들은 현실을 있는 그대로 보지 못한다. 편향된 인식으로 행동한다. 그리고 그 행동이 현실을 바꾼다. 1973년 짐 로저스와 함께 퀀텀펀드를 설립했다. 1970년대, S&P500 지수가 47% 오르는 동안 퀀텀펀드는 3,300%

이상의 수익률을 기록했다.1987년, 소로스는 『금융의 연금술』을 출간해 재귀성 이론을 처음 체계적으로 서술했다.

거울이 아니라 망치

....

경제학 교과서는 이렇게 가르친다. 가격은 현실을 반영한다. 기업이 잘하면 주가가 오르고, 경제가 나빠지면 주가가 내린다. 가격은 거울이다. 현실을 비추는 거울. 소로스는 이것을 뒤집었다.

> "금융시장은 현실을 정확히 반영하지 않는다. 항상 어떤 방향으로든 왜곡하며, 그 왜곡은 시장 가격에 나타난다."
>
> — 『금융의 연금술』

가격은 거울이 아니다. 망치다. 예를 들어보자. 어떤 스타트업의 주가가 오르기 시작한다. 주가가 오르면 무슨 일이 벌어지는가? 이 회사가 주식을 팔아 자금을 조달하기 쉬워진다. 돈이 들어오니 투자를 한다. 스톡옵션의 가치가 올라가니까 좋은 개발자가 입사한다. 은행이 대출을 더 해준다. 언론이 "주목할 기업"이라고 쓴다. 고객이 늘어난다. 실적이 좋아진다. 실적이 좋아지니까 주가가 더 오른다.

잠깐. 뭐가 먼저인가? 실적이 좋아서 주가가 오른 건가? 주가가 올라서 실적이 좋아진 건가? 소로스의 대답. 둘 다 맞다. 그리고 그것이 핵심이다. 주가가 현실을 반영한 게 아니다. 주가가 현실을 만든 것이다. 가격이 거울처럼 비춘 게 아니라 망치처럼 두드려서 현실의 모양을 바꾼 것이다.

오르면 더 오르고, 떨어지면 더 떨어진다

·········

소로스가 발견한 것은 자기 자신을 먹여 살리는 고리다. 집값이 오른다. 담보 가치가 올라간다. 은행이 대출을 더 해준다. 대출이 쉬워지니 더 많은 사람이 집을 산다. 더 많이 사니까 집값이 더 오른다. 더 오르니까 담보 가치가 더 올라간다. 은행이 대출을 또 늘린다. 오를수록 더 오르게 만드는 구조. 소로스는 이것을 되먹임 고리라고 불렀다. 반대 방향도 똑같이 작동한다. 집값이 떨어지기 시작한다. 담보 가치가 줄어든다. 은행이 대출을 회수한다. 돈이 마르니까 매수자가 사라진다. 수요가 줄어드니 집값이 더 떨어진다. 더 떨어지니 담보 가치가 더 줄어든다. 은행이 대출을 더 죄인다. 같은 구조가 반대로 작동한다. 떨어질수록 더 떨어지게 만드는 구조. 그래서 버블이 생기고, 폭락이 생긴다.

"모든 버블에는 두 가지가 있다. 현실에 존재하는 추세와, 그 추세에 대한 오해다. 추세와 오해 사이에 되먹임이 생기면 호황-불황이 시작된다."

— 조지 소로스, 2009년 중앙유럽대학 강연

버블은 미친 사람들의 광기가 아니다. 되먹임이 만드는 논리적 결과다. 처음의 작은 오해가 되먹임 고리를 타고 거대하게 부풀어 오르는 것이다. 그리고 고리가 끊어지는 순간 같은 속도로 무너진다.

영란은행을 이긴 남자

....

1992년 9월, 영국. 간단히 설명하면 이렇다. 당시 유럽 국가들은 서로의 환율을 묶어두고 있었다. 유럽환율조정메커니즘ERM이라는 협약이었다. 영국 파운드화는 독일 마르크화와 고정되어 있었고, 정해진 범위 밖으로 벗어나면 중앙은행이 개입해야 했다. 그런데 1990년에 독일이 통일됐다. 통일 비용이 어마어마했다. 독일 중앙은행은 인플레이션을 잡으려고 금리를 올렸다. 금리가 높으니 돈이 독일로 빨려 들어갔다. 영국은 난처해졌다. 돈이 빠져나가지 않으려면 영국도 금리를 올려야 한다. 하지만 영국 경제는 불황이었다. 실업률이 높았다. 금리를 올리면 경기가 더 나빠진다. 안 올리면 돈이 빠져나가고 파운드가 폭락한다.

어느 쪽을 선택해도 진다. 소로스는 이 모순을 봤다. 그리고 되먹임 고리가 보였다. 파운드가 약해 보인다. 투자자들이 파운드를 팔기 시작한다. 팔리니까 더 약해진다. 더 약해지니까 더 많은 투자자가 판다. 더 팔리니까 더 약해진다. 영국 정부가 이걸 막으려면 천문학적 돈을 쏟아부어야 한다. 하지만 그 돈이 무한하지 않다.

소로스는 확신했다. 영국이 이 고리를 끊을 수 없다. 소로스의 퀀텀펀드는 약 100억 달러 규모의 파운드를 매도하기 시작했다. 다른 투자자들이 합류했다. 영란은행은 외환보유고를 풀어 파운드를 사들였다. 하루에 두 번 금리를 올렸다. 10%에서 12%로. 다시 15%로. 하지만 되먹임의 힘을 이기지 못했다. 9월 16일, 영국은 항복했다. ERM 탈퇴를 선언했다. 파운드는 폭락했다. 소로스는 10억 달러 이상을 벌었다. "영국의 중앙은행을 무너뜨린 남자"라는 별명이 붙었다. 소로스가 한 일은 예언이 아니었다. 되먹임 구조를 읽은 것이다. 파운드가 고평가되어 있다는 현실. 그 현실을 시장이 깨닫기 시작했다는 인식. 인식이 매도를 부르고, 매도가 하락을 부르고, 하락이 더 큰 매도를 부르는 고리. 소로스는 그 고리에 올라탔다.

INSIGHT

"왜 떨어지는가?"보다 "떨어지면 무슨 일이 벌어지는가?"를 물어라. 가격 하락이 추가 하락을 부르는 구조가 보이면 되먹임이 작동하고 있다. 반대로 가격 상승이 추가 상승을 부르는 구조가 보이면 그것은 버블의 신호다.

당신의 일상 속 되먹임

....

되먹임은 금융시장에서만 작동하지 않는다. 당신의 하루에도 있다. 인스타그램을 보자. 팔로워가 많은 사람은 추천 알고리즘에 뜬다. 추천에 뜨니까 팔로워가 더 늘어난다. 늘어나니까 더 자주 추천된다. 팔로워가 팔로워를 낳는다. 처음에 콘텐츠가 좋아서 시작됐을 수 있다. 하지만 어느 순간부터는 "이미 유명하기 때문에 더 유명해지는" 고리가 작동한다. 채용시장도 같다. 좋은 회사에 좋은 인재가 몰린다. 인재가 모이니 실적이 좋아진다. 실적이 좋으니 더 좋은 인재가 몰린다. 반대로, 인재가 빠지기 시작한 회사는 실적이 나빠지고, 나빠지니까 인재가 더 빠진다. 오르는 곳은 더 오르고, 떨어지는 곳은 더 떨어진다. 연애도 다르지 않다. 자신감 있는 사람이 매력적으로 보인다. 매력적으로 보이니까 관심을 받는다. 관심을 받으니까 자신감이 더 생긴다. 반대로, 자신감을 잃은 사람은 위축되고, 위축되니까 매력이 줄어들고, 매력이 줄어드니까 자신감이 더 떨어진다. 소로스의 재귀성은 금융 이론이 아니다. 세상이 작동하는 방식이다.

INSIGHT

당신의 커리어에서 되먹임 고리를 찾아보라. 지금 상승 나선인가, 하강 나선인가? 하강이라면 고리의 한 지점을 바꿔라. 실력이 문제면 실력을 바꾸고, 환경이 문제면 환경을 바꿔라. 되먹임은 어디서든 끊을 수 있다.

시장은 항상 틀려 있다

....

소로스가 도달한 결론은 불편하다. 시장 가격은 항상 틀려 있다. 경제학 교과서는 말한다. 시장은 효율적이고 가격은 대체로 옳다. 그러나 소로스는 정반대를 말한다. 시장은 균형을 향해 움직이지 않는다. 오히려 위기를 반복적으로 만들어낸다. 왜? 사람들이 현실을 완벽히 볼 수 없기 때문이다. 그리고 불완전하게 본 것에 따라 행동하기 때문이다. 그 행동이 현실을 바꾸기 때문이고, 바뀐 현실이 다시 인식을 왜곡하기 때문이다.

물리학에서는 관찰이 대상을 바꾸지 않는다. 만유인력의 법칙을 안다고 해서 사과가 다르게 떨어지지 않는다. 하지만 금융시장에서는 관찰이 대상을 바꾼다. "집값이 오를 것이다"라는 관찰이 실제로 집값을 올린다. "이 회사는 망할 것이다"라는 관찰이 실제로 회사를 망하게 한다. 이것이 소로스가 금융시장을 물리학처럼 다룰 수 없다고 본 이유다. 물리학에서는 이론이 중력을 바꾸지 않는다. 하지만 경제에서는 이론 자체가 현실의 일부가 된다. "시장은 효율적이다"라는 이론이 규제 완화를 정당화했고, 그 규제 완화가 2008년 금융 위기의 한 원인이 됐다. 이론이 현실을 만든 것이다.

비판과 한계

....

재귀성은 비판도 받는다. 가장 큰 비판은 이것이다. "그래서 언제 버블이고 언제 아닌데?" 되먹임이 존재한다는 건 알겠다. 하지만 언제 되먹임이 시작되고 언제 끝나는지 소로스는 명확한 기준을 제시하지 않는다. 학계에서 오랫동안 무시된 이유다. 하지만 2008년 금융위기 이후 분위기가 바뀌었다. 교과서대로라면 시장은 균형을 찾아야 했다. 그러나 찾지 못했다. 효율적 시장 가설이 위기를 예측하지 못한 반면, 소로스는 위기 전에 경고했고 실제로 대응할 수 있었다. 완벽한 이론은 아니다. 하지만 현실을 더 잘 설명하는 렌즈다.

거울인가, 망치인가

....

다시 처음의 은행으로 돌아가자. 월요일 아침, "○○은행 위기설" 뉴스가 떴다. 은행은 멀쩡했다. 하지만 소문을 믿은 사람들이 달려갔다. 달려가니까 줄이 생겼다. 줄이 생기니까 뉴스에 나왔다. 뉴스를 보니까 더 달려갔다. 은행에 현금이 바닥났다. 진짜 위기가 됐다. 소문이 현실이 된 것이다. 거울이 아니라 망치였던 것이다. 소로스가 남긴 질문은 이것이다. 지금 당신이 보고 있는 가격은, 현실을 비추는 거울인가? 아니면 현실을 두드리고 있는 망치인가? 대부분의 경우, 둘 다. 그것을 아는 사람과 모르는 사람은 같은 숫자를 보면서 완전히 다른 세계를 본다.

쇼로스 더 읽기

• 『금융의 연금술』 재귀성 이론의 출발점   난이도 ★★★★☆

George
Soros

프리드먼의
인플레이션

당신의 돈은 매일 녹고 있다

03

Milton
Friedman

당신의 통장에 1,000만 원이 있다. 1년 후에도 1,000만 원이다. 숫자는 그대로다. 하지만 같은 돈이 아니다. 오늘의 1,000만 원과 1년 후의 1,000만 원은 다른 돈이다. 밀턴 프리드먼은 이것을 누구보다 정확하게 이해한 남자다.

라면의 가격

....

1980년대, 라면 한 봉지가 100원이었다. 2000년, 400원이 됐다. 2010년, 700원이 됐다. 2024년, 편의점에서 1,000원쯤 한다. 브랜드에 따라 1,500원에서 2,000원까지. 라면이 달라졌는가? 면발이 금으로 바뀌었나? 스프에 트러플이 들어갔나? 아니다. 같은 라면이다. 바뀐 것은 라면이 아니라 돈이다. 돈의 가치가 줄어든 것이다. 1980년대의 100원이 할 수 있었던 일을, 2024년의 100원은 할 수 없다.

대학 등록금. 1990년대 초, 서울 주요 대학 등록금이 한 학기 100만 원대였다. 2024년, 400~500만 원대. 4~5배. 서울 아파트. 1990년, 강남 아파트 평균이 2억 원대였다. 2024년, 20억 원을 넘는다. 10배 이상. 짜장면. 1990년, 1,500원. 2024년, 7,000~8,000원. 버스비. 1990년, 200원. 2024년, 1,500원. 모든 것이 올랐다. 숫자가 커졌다. 월급도 올랐다. 1990년 대졸 초임이 50~60만 원이었고, 2024년에는 300만 원대다. 다 올랐으니 똑같은 거 아닌가?

아니다. 같은 비율로 오르지 않았다. 월급은 5~6배 올랐지만, 서울 아파트는 10배 이상 올랐다. 등록금은 4~5배, 의료비는 더. 올라가는 속도가 다르다. 그리고 그 속도의 차이가 삶의 격차를 만든다. 이 현상의 이름. 인플레이션 inflation. 물가 상승. 돈의 가치 하락. 한 남자가 이것을 평생의 주제로 삼았다.

텔레비전의 경제학자

....

밀턴 프리드먼. 미국의 경제학자. 시카고 대학 교수. 1976년 노벨 경제학상 수상. 경제학자가 유명인이 되는 일은 드물다. 프리드먼은 예외였다. 1980년, PBS에서 『선택의 자유』라는 다큐멘터리를 진행했다. 같은 이름의 책은 전 세계에서 100만 부 이상 팔렸다. 프리드먼은 키가 매우 작았다. 하지만 논쟁에서는 누구보다 컸다. 케인스주의가 지배하던 시대에 정반대를 주장했다. 케인스가 "정부가 돈을 써야 한다"고 했다면, 프리드먼은 "정부가 손을 떼야 한다"고 했다. 케인스가 수요 측면을 봤다면, 프리드먼은 공급 측면을, 특히 화폐 공급을 봤다. 그의 가장 유명한 문장.

"인플레이션은 언제나, 어디서나, 화폐적 현상이다"

— 밀턴 프리드먼

인플레이션은 물건이 비싸져서 생기는 게 아니다. 돈이 많아져서 생기는 것이다.

돈이 많아지면 왜 가격이 오르는가

....

직관적으로 이해해보자. 섬에 10명이 산다. 섬에 사과가 100개 있다. 돈은 총 1,000원이 있다. 사과 한 개의 가격은 대략 10원이다. 어느 날, 하늘에서 돈이 떨어졌다. 1,000원이 더 생겼다. 총 2,000원. 사과는 여전히 100개다. 사람도 여전히 10명이다. 무슨 일이 벌어지는가? 사람들은 돈이 늘었으니 사과를 더 사려 한다. 하지만 사과는 100개뿐이다. 더 만들 수 없다. 사려는 사람이 늘고 사과는 그대로이니, 가격이 오른다. 사과 한 개가 10원에서 20원이 된다.

실물은 변하지 않았다. 사과의 맛도, 크기도, 개수도 같다. 돈만 늘었다. 하지만 가격은 두 배가 됐다. 이것이 인플레이션의 가장 기본적인 원리다. 돈의 양이 늘면, 같은 물건을 사기 위해 더 많은 돈을 내야 한다. 돈의 가치가 떨어진 것이다.

INSIGHT

인플레이션을 이해하는 가장 쉬운 방법. "물건이 비싸졌다"가 아니라 "돈이 싸졌다"로 바꿔서 읽어라. 라면이 비싸진 게 아니다. 돈이 싸진 것이다. 집값이 오른 게 아니다. 원화의 가치가 떨어진 것이다. 이 프레임 전환 하나가 경제 뉴스를 완전히 다르게 읽게 해준다.

보이지 않는 세금

....

프리드먼이 인플레이션에 집착한 이유가 있다. 인플레이션은 세금이기 때문이다. 보이지 않는 세금. 정부가 돈이 필요하다. 두 가지 방법이 있다.

- 첫째, 세금을 걷는다. 국민이 안다. 반발한다. 정치적 비용이 크다. 국회에서 싸워야 한다. 선거에 영향을 준다.
- 둘째, 돈을 찍는다. 중앙은행이 화폐를 더 발행한다. 국민은 모른다. 당장은 느끼지 못한다. 통장 잔고의 숫자는 그대로니까. 정치적 비용이 작다. 표가 안 깎인다.

하지만 돈을 찍으면 돈의 가치가 떨어진다. 물가가 오른다. 당신의 통장에 있는 1,000만 원의 구매력이 줄어든다. 아무도 당신에게 고지서를 보내지 않았지만, 당신의 돈은 줄어들었다. 정부가 당신의 주머니에서 조용히 돈을 빼간 것이다.

"인플레이션은 입법 없이 부과되는 세금이다."

— 밀턴 프리드먼

이것이 프리드먼이 인플레이션을 그토록 경계한 이유다. 세금은 적어도 국민이 안다. 얼마를 내는지, 왜 내는지, 어디에 쓰이는지 물을 수 있다. 인플레이션은 보이지 않는다. 얼마를 빼앗기는지 모른다. 왜 빼앗기는지 모른다. 항의할 수도 없다. 고지서가 안 오니까. 그리고 이 보이지 않는 세금은 가장 가난한 사람에게 가장 크게 작용한다. 부자는 자산이 있다. 부동산, 주식, 금. 인플레이션이 오면 이런 실물 자산의 가격도 오른다. 자산을 가진 사람은 인플레이션을 방어할 수 있다. 때로는 오히려 이득을 본다. 그러나 가난한 사람은 현금밖에 없다. 월급을 받아 통장에 넣어둔다. 인플레이션이 오면 그 현금의 가치가 녹는다. 방어 수단이 없다. 매달 월급을 받지만 그 월급으로 살 수 있는 것이 매달 줄어든다.

INSIGHT

인플레이션은 역진세(逆進稅)다. 부자에게 적게, 가난한 사람에게 크게 부과되는 세금. 누진세는 많이 버는 사람이 더 많이 낸다. 인플레이션은 정반대다. 자산 없이 현금만 가진 사람이 가장 많이 낸다. 이것을 아는 것과 모르는 것은 재산을 어디에 둘지에 대한 판단을 근본적으로 바꾼다.

바이마르의 교훈

....

인플레이션이 극단으로 가면 어떻게 되는가? 앞서 하라리 챕터에서 바이마르의 마르크화가 휴지가 된 이야기를 봤다. 하라리는 이것을 믿음의 붕괴로 봤다. 프리드먼은 다르게 봤다. 믿음이 아니라

양의 문제라고. 1차 세계대전 후, 독일은 천문학적 전쟁 배상금을 져야 했다. 돈이 없었다. 어떻게 했는가? 찍었다. 마르크화를 대량으로 인쇄했다.

결과.

- 1921년 1월, 빵 한 덩어리가 1.3마르크.
- 1922년 1월, 3.5마르크.
- 1923년 1월, 250마르크.
- 1923년 구월, 3,465마르크.
- 1923년 9월, 150만 마르크.
- 1923년 11월, 2,000억 마르크.

2년 만에 빵 한 덩어리 가격이 1.3마르크에서 2,000억 마르크가 됐다. 숫자가 무의미해졌다. 경제가 무너졌다. 중산층의 저축이 하루아침에 증발했다. 평생 모은 돈이 빵 한 덩어리도 못 사게 됐다. 사회가 분노했다. 그 분노의 위에 히틀러가 올라섰다. 프리드먼은 이 역사를 반복적으로 인용했다. 인플레이션은 경제 문제가 아니라 문명의 문제라는 것을 보여주기 위해. 돈의 가치가 무너지면 사회 전체가 무너진다.

정부가 "돈을 찍어서 위기를 넘기겠다"고 말할 때, 프리드먼의 질문을 던져라. 그 돈은 어디서 오는가? 당신의 통장에서 온다. 숫자는 그대로인데 가치가 줄어드는 방식으로. 경제 뉴스에서 "양적 완화", "유동성 공급", "긴급 재정 투입"이라는 단어가 나올 때, 번역하라. "당신의 돈이 희석된다."

72의 법칙

....

인플레이션의 위력을 계산하는 간단한 도구가 있다. 72의 법칙. 72를 인플레이션율로 나누면, 돈의 구매력이 반으로 줄어드는 데 걸리는 시간이 나온다.

- 인플레이션 3%: 72 ÷ 3 = 24년. 당신의 돈은 24년 후 절반의 가치가 된다.
- 인플레이션 5%: 72 ÷ 5 = 약 14년. 14년 후 절반.
- 인플레이션 7%: 72 ÷ 7 = 약 10년. 10년 후 절반.
- 인플레이션 10%: 72 ÷ 10 = 약 7년. 7년 후 절반.

한국의 평균 물가 상승률이 연 3%라고 하자. 24년 후, 당신의 1,000만 원은 구매력 기준으로 500만 원이 된다. 숫자는 그대로 1,000만 원인데, 살 수 있는 것이 절반이 된다. 30세에 1억 원을 모았다면, 54세가 됐을 때 그 1억의 실질 가치는 5,000만 원이다. 78세가 됐을 때는 2,500만 원이다. 돈을 그대로 두기만 해도 녹는다. 아무것도 안 해도 가난해진다. 복리로 자산이 불어나는 것의 반대편에, 복리로 돈이 녹는 것이 있다. 전자는 가진 자에게 작동하고, 후자는 현금만 가진 자에게 작동한다.

INSIGHT

72의 법칙을 당신의 저축에 대입해보라. 당신이 은행에 넣어둔 돈의 이자율이 인플레이션보다 낮다면, 저축하는 동안 돈은 녹고 있다. "안전하게 은행에 넣어뒀다"는 말은 "안전하게 녹이고 있다"와 같은 뜻일 수 있다. 프리드먼이 말한 보이지 않는 세금이 매일 빠져나가고 있다.

2020년, 돈의 홍수

....

프리드먼은 2006년에 죽었다. 하지만 그의 경고가 가장 생생하게 현실이 된 것은 그 이후다. 2020년, 코로나19. 세계가 멈췄다. 공장이 서고, 가게가 닫히고, 비행기가 뜨지 않았다. 경제가 추락했다. 각국 정부의 대응. 돈을 풀었다. 대규모로. 전례 없이. 미국 연방준비제도Fed는 2020년 3월부터 수조 달러를 시장에 투입했다. 미국 정부는 국민에게 직접 현금을 보냈다. 1차 1,200달러, 2차 600달러, 3차 1,400달러. "경기부양 수표stimulus check." 유럽, 일본, 한국도 마찬가지였다. 긴급재난지원금. 소상공인 대출. 저금리. 돈을 풀고 또 풀었다.

프리드먼은 1969년에 유명한 비유를 남겼다. "헬리콥터에서 돈을 뿌리면 인플레이션이 온다." 사고실험이었다. 문자 그대로 헬리

콥터에서 돈을 뿌리라는 뜻이 아니었다. 그런데 2020년, 실제로 이 일이 벌어졌다. 정부가 국민 계좌에 직접 돈을 입금했다. 단기적으로 작동했다. 경제가 멈추지 않았다. 사람들이 굶지 않았다. 기업이 버텼다. 그리고 2021년 후반부터, 인플레이션이 왔다. 미국의 소비자물가 상승률이 2022년 6월 9.1%를 찍었다. 40년 만의 최고치. 기름값이 폭등했다. 식료품 가격이 뛰었다. 모든 것이 올랐다.

프리드먼이 살아 있었다면 놀라지 않았을 것이다. 돈을 그만큼 풀면 인플레이션이 온다. 언제나, 어디서나. 이것이 돈의 본질이니까. 한국도 마찬가지였다. 2020-2021년, 유동성이 넘쳤다. 돈은 주식으로, 부동산으로, 코인으로 흘러 들어갔다. "동학개미운동." "영끌." "코인 대박." 자산 가격이 폭등했다. 2022년부터 금리가 오르자 버블이 빠지기 시작했다. 빚을 내서 투자한 사람들이 무너졌다. 돈의 홍수 → 자산 가격 폭등 → 인플레이션 → 금리 인상 → 자산 가격 하락 → 빚진 사람 파산. 이 사이클이 프리드먼의 이론 그대로 작동했다.

INSIGHT

"정부가 돈을 풀면 자산이 오른다." 여기까지는 대부분 기억한다. 하지만 풀린 돈은 사라지지 않는다. 경제 안에서 돌아다니며 가격을 밀어 올리고, 결국 금리가 오르고, 올랐던 것들이 되돌아간다.

프리드먼의 논쟁

....

프리드먼은 논쟁적인 인물이다. 케인스주의자들은 프리드먼이 지나치게 단순하다고 비판한다. "인플레이션은 화폐적 현상이다"라는 명제가 항상 맞는 건 아니라고. 공급 충격(전쟁, 팬데믹, 에너지 위기)으로도 인플레이션이 올 수 있다고. 맞는 말이다. 2022년의 인플레이션은 돈의 홍수만으로 설명되지 않는다. 코로나로 공급망이 무너졌고, 러시아–우크라이나 전쟁으로 에너지 가격이 폭등했다. 여러 원인이 겹쳤다. 하지만 그의 핵심 주장은 유효하다. 공급 충격은 일시적이다. 돈을 찍어서 만든 인플레이션은 구조적이다. 공급 충격이 끝나도 풀린 돈은 회수하기 어렵다.

정치적으로도 논쟁적이다. 1975년 칠레를 방문해 피노체트 군사 독재 정권에 경제 정책을 조언한 것으로 비판받았다. 그의 제자들("시카고 보이즈")이 시장 자유화 정책을 추진했고, 독재 아래서 인권은 유린됐다. 이 책은 프리드먼의 정치적 입장을 판단하는 책이 아니다. 하지만 그의 핵심 통찰(인플레이션은 돈의 문제다)은 정치적 입장과 무관하게 유효하다.

당신의 돈은 지금 녹고 있다

....

당신이 은행에 1,000만 원을 넣었다. 이자율 2%. 1년 후 1,020만 원이 된다. 20만 원이 늘었다. 기분이 좋다. 하지만 그해 물가 상승률이 3%였다면? 당신의 1,020만 원으로 살 수 있는 것은 작년의 990만 원어치다. 숫자는 20만 원 늘었는데, 실질 가치는 10만 원 줄었다. 저축했는데 가난해진 것이다. 이것이 실질금리real interest rate다. 명목금리(은행 이자율)에서 인플레이션율을 뺀 것. 명목금리 2% - 인플레이션 3% = 실질금리 -1%. 마이너스다. 돈을 넣어둘수록 손해다. 한국에서 2020-2021년, 예금 금리가 1% 미만이었고 물가 상승률이 2~5%였다. 실질금리가 마이너스였다는 뜻이다. 은행에 돈을 넣어둔 사람은 매년 조용히 돈을 잃고 있었다.

돈을 가만히 두는 것은 안전한 것이 아니다. 녹는 것이다. 월급이 올랐어도 물가보다 덜 올랐다면 실질적으로는 줄어든 것이다. 저축이 늘었어도 인플레이션보다 느리게 늘었다면 줄어든 것이다. 1,000만 원이라는 숫자는 변하지 않는다. 하지만 그 1,000만 원이 사줄 수 있는 라면의 개수, 등록금의 학기 수, 전세 보증금의 비율은 매년 줄어들고 있다.

INSIGHT

매년 한 가지 숫자만 확인하라. 당신의 총 자산이 작년보다 몇 퍼센트 늘었는가. 그리고 그해 물가 상승률은 몇 퍼센트였는가. 첫 번째 숫자가 두 번째보다 크면, 당신은 진짜로 부자가 되고 있는 것이다. 작으면, 숫자는 늘었지만 가난해진 것이다.

프리드먼 더 읽기

- 『**선택의 자유**』 일반인을 위해 쓴 경제학 명저   난이도 ★★☆☆☆
- 『**자본주의와 자유**』 프리드먼의 정치경제 철학   난이도 ★★★☆☆

Milton
Friedman

애컬로프의 레몬

정보 격차는 언제나 승자를 만든다

04

George Akerlof

당신은 공정한 거래를 하고 있다고 생각한다. 같은 시장, 같은 가격, 같은 규칙. 하지만 한쪽이 다른 쪽보다 더 많이 알고 있다면? 거래는 공정하지 않다. 조지 애컬로프는 중고차 시장에서 이 구조를 발견했다. 그리고 그것이 중고차만의 문제가 아니라는 것을 증명했다. 애컬로프처럼 생각한다는 것은, "가격이 얼마인가?"를 묻기 전에 "상대방은 내가 모르는 무엇을 알고 있는가?"를 묻는 것이다.

중고차를 사본 적이 있는가

....

당신이 중고차를 사려 한다. 인터넷에서 매물을 찾는다. 2020년식 현대 쏘나타. 주행거리 5만 km. 사진이 깨끗하다. 가격이 적당하다. 판매자에게 연락한다. "상태 좋아요. 사고 이력 없어요. 정비 잘 했어요." 당신은 차를 보러 간다. 외관은 깨끗하다. 시동을 걸어본다. 잘 걸린다. 시승을 한다. 별 문제 없어 보인다. 차를 산다. 계약서에 사인한다. 돈을 보낸다.

3개월 후. 엔진에서 이상한 소리가 난다. 정비소에 가져간다. 정비사가 말한다. "이거 엔진 오일 누유가 있는데요. 전에도 있었던 것 같은데. 수리비 200만 원 정도 나올 겁니다." 당신은 판매자에게 전화한다. 번호가 바뀌었다. 물론 지금은 다르다. 인증 중고차, 플랫폼 보증, 성능점검기록부. 중고차 시장은 예전보다 훨씬 투명해졌다. 하지만 이 제도들이 왜 생겨났는지를 알면, 시장 전체가 다르게 보인다.

왜 이런 일이 벌어지는가. 판매자는 그 차에 대해 당신보다 훨씬 더 많이 안다. 몇 년을 탔다. 어디가 아픈지 안다. 어떤 사고가 있었는지 안다. 왜 파는지 안다. 당신은 모른다. 외관을 보고, 시동을 걸어보고, 시승을 하는 것만으로는 그 차의 진짜 상태를 알 수 없다. 한쪽은 알고, 한쪽은 모른다. 이 격차가 거래의 모든 것을 바꾼다. 한 남자가 이 단순한 관찰에서 출발해서 경제학 전체를 뒤흔들었다.

세 번 거절당한 논문

....

조지 애컬로프. 미국의 경제학자. 버클리 대학 교수. 1966년, 스물여섯 살의 애컬로프가 논문 하나를 썼다. 제목은 「레몬 시장: 품질의 불확실성과 시장 메커니즘」 "레몬lemon"은 미국 속어로 "겉은 멀쩡한데 속은 고장난 물건", 특히 불량 중고차를 뜻한다. 새콤한 레몬처럼, 사고 나서야 입이 찌푸려지는 물건. 이 논문을 학술지에 보냈다. 첫 번째 학술지, 거절. "이유가 너무 사소하다trivial." 중고차 이야기가 경제학 논문이 될 수 있나? 두 번째 학술지, 거절. 세 번째 학술지, 거절. "이것이 사실이라면 경제학의 중요한 부분이 틀렸다는 뜻인데, 그럴 리가 없다."

1970년, 네 번째 시도. 『쿼털리 저널 오브 이코노믹스』에 드디어 게재됐다. 13페이지짜리 논문. 2001년, 이 논문으로 노벨 경제학상을 받았다. 마이클 스펜스, 조지프 스티글리츠와 공동 수상. "정보 비대칭asymmetric information이 있는 시장의 분석"이라는 업적으로. 세 번 거절당한 13페이지가 노벨상이 됐다.

레몬 시장의 논리

....

애컬로프의 논문을 따라가보자. 중고차 시장에 차가 100대 있다. 이 중 50대는 좋은 차("피치, peach")고, 50대는 나쁜 차("레몬, lemon")다. 좋은 차의 가치는 200만 원, 나쁜 차의 가치는 100만 원이라 하자. 만약 구매자가 어떤 차가 좋은 차이고 어떤 차가 나쁜 차인지 안다면? 간단하다. 좋은 차는 200만 원에, 나쁜 차는 100만 원에 거래된다. 공정하다. 문제는 구매자가 모른다는 것이다. 겉으로 봐서는 좋은 차와 나쁜 차를 구별할 수 없다. 둘 다 깨끗하게 닦여 있고, 둘 다 시동이 잘 걸린다. 판매자는 자기 차가 어떤지 안다. 구매자는 모른다. 이 상태에서 구매자는 어떻게 행동하는가? 확률을 계산한다. 100대 중 50대가 좋고 50대가 나쁘다면, 내가 고른 차가 좋을 확률은 50%다. 기대 가치는? (200만 × 50%) + (100만 × 50%) = 150만 원. 구매자는 150만 원까지만 내려고 한다. 여기서 결정적인 일이 벌어진다.

좋은 차의 주인은 어떻게 반응하는가? 자기 차가 200만 원 가치인데, 구매자가 150만 원만 내겠다고 한다. 손해다. "이 가격에 안 팔겠어." 좋은 차의 주인은 시장을 떠난다. 나쁜 차의 주인은? 자기 차가 100만 원 가치인데, 구매자가 150만 원을 내겠다고 한다. 횡재다. "네, 팔겠습니다." 나쁜 차의 주인은 남는다. 좋은 차가 시장에서 빠져나간다. 시장에 나쁜 차만 남는다. 구매자가 이것을 알아챈다. "이 시장에는 레몬밖에 없구나." 가격을 더 낮춘다. 그러면 그나마 남아 있던 약간 좋은 차도 빠져나간다. 가격이 더 내려간다. 악순환. 끝까지 가면? 시장에 레몬만 남거나, 시장 자체가 붕괴한다.

"나쁜 차가 좋은 차를 몰아낸다."

—「레몬 시장」

이것이 역선택adverse selection이다. 정보가 없는 쪽이 합리적으로 행동할수록, 시장은 나쁜 쪽으로 기울어진다. 아무도 속이려 하지 않았는데, 구조적으로 속게 되어 있다.

INSIGHT

좋은 물건의 주인은 제 값 이하에 팔 이유가 없다. 시장 평균보다 싸게 나온 매물이 있다면, 그것이 특별히 운이 좋은 것인지 당신이 모르는 무언가가 있는 것인지 구분해야 한다. "왜 이렇게 싼 거지?"는 돈의 세계에서 가장 중요한 질문 중 하나다.

정보 비대칭

....

애컬로프가 발견한 것은 중고차의 문제가 아니다. 정보 비대
칭 information asymmetry이라는 구조의 문제다. 거래의 한쪽이 다른 쪽보
다 더 많은 정보를 가지고 있을 때, 시장은 공정하게 작동하지 않는
다. 이것이 핵심이다. 그리고 이 구조는 어디에나 있다.

보험 시장의 레몬

....

보험 회사가 건강보험 상품을 만든다. 가입비를 정해야 한다. 어
떤 사람은 건강하고, 어떤 사람은 아프다. 보험 회사는 가입자가 얼
마나 건강한지 정확히 모른다. 가입자는 자기 몸을 안다. 보험료가
평균치로 책정된다. 건강한 사람은 생각한다. "나는 건강한데, 이 보
험료는 비싸네. 가입 안 해도 되겠다." 아픈 사람은 생각한다. "나는
아픈데, 이 보험료면 이득이네. 가입해야지." 건강한 사람이 빠져나
간다. 아픈 사람만 남는다. 보험 회사의 지출이 늘어난다. 보험료를
올린다. 그러면 그나마 남아 있던 약간 건강한 사람도 빠져나간다.
보험료가 더 오른다. 악순환. 중고차 시장과 정확히 같은 구조다. 좋
은 차가 빠져나가듯, 건강한 사람이 빠져나간다. 레몬만 남는다. 이
것이 보험 시장이 정부 개입 없이는 제대로 작동하지 않는 이유 중
하나다. 국민건강보험이 의무 가입인 이유. 건강한 사람도 강제로

들어와야, 아픈 사람만 남는 역선택을 막을 수 있다.

> 자발적으로 찾아오는 사람은 그만큼 절실한 이유가 있다. 절실한 이유가 있다는 것은, 평균보다 나쁜 상태일 확률이 높다는 것이다. "왜 이 사람이 이 거래를 원하는가?" 이 질문 하나가 역선택을 막는 첫 번째 방어선이다.

채용 시장의 레몬

....

회사가 직원을 뽑는다. 지원자가 100명이다. 이 중 50명은 능력이 뛰어나고, 50명은 보통이다. 회사는 누가 뛰어나고 누가 보통인지 정확히 모른다. 이력서와 면접만으로는 한계가 있다. 지원자는 자기 능력을 안다. 회사가 평균적인 급여를 제시한다. 뛰어난 지원자는 생각한다. "나는 이것보다 더 받을 수 있어. 다른 곳에서 더 좋은 조건을 찾겠어." 보통 지원자는 생각한다. "이 정도면 괜찮지." 뛰어난 지원자가 빠져나간다. 보통 지원자만 남는다. 이것이 "왜 좋은 인재를 뽑기 어려운가?"에 대한 구조적 답 중 하나다. 좋은 인재는 평균적 조건에 만족하지 않는다. 평균적 조건은 평균적 인재를 끌어들인다. 평균 이하를 끌어들일 수도 있다.

스탠퍼드의 경제학자 마이클 스펜스는 이 문제의 해결책을 연구했다. 애컬로프와 함께 노벨상을 받은 사람이다. 스펜스의 답은 "신호 보내기signaling"다. 학력이 왜 중요한가? 실제로 대학에서 배운 지식이 직무에 꼭 필요해서? 아닐 수 있다. 학력은 신호다. "나는 어려운 과정을 통과할 수 있는 사람입니다"라는 신호. 정보 비대칭 상황에서, 자기가 "피치"라는 것을 증명하는 방법이다.

> **INSIGHT**
>
> 학벌, 자격증, 경력에는 두 가지 기능이 있다. 하나는 실제 능력. 다른 하나는 "나는 레몬이 아닙니다"라는 신호. 스펙 쌓기에 왜 그토록 많은 시간과 돈이 들어가는지, 그리고 그것이 왜 완전히 무의미하지는 않은지가 동시에 보인다.

정보의 비용

....

애컬로프의 모델에서, 정보 비대칭을 해소하는 방법은 있다.

- 중고차: 정비 이력 공개, 품질 인증, 보증 제도.
- 보험: 건강 검진, 의무 가입.
- 채용: 학력, 자격증, 인턴 경력, 추천서.

이 모든 것의 공통점. 비용이 든다. 정보를 얻는 데는 시간과 돈이 든다. 중고차 점검에 돈이 든다. 건강 검진에 시간이 든다. 학력을 쌓는 데 수천만 원이 든다. 정보 비대칭에는 또 다른 층위가 있다. 정보를 가진 쪽은 추가 비용이 0이다. 이미 알고 있으니까. 정보가 없는 쪽은 비용을 지불해야 한다. 알아내려면 시간과 돈을 써야 하니까. 부자는 세무사, 변호사, 자산관리사를 고용한다. 정보를 사는 것이다. 가난한 사람은 고용할 수 없다. 직접 알아봐야 한다. 시간이 부족하다. 전문 지식이 없다. 정보 비대칭은 불평등을 심화시킨다. 정보가 돈이고, 돈이 정보를 사고, 정보가 다시 돈을 번다. 이 순환에서 빠진 사람은 계속 빠져 있게 된다.

INSIGHT

정보의 비용을 인식하라. 모든 곳에서 전문가가 될 수는 없다. 가장 큰 돈이 오가는 한두 영역에서만 레몬을 피할 수 있는 눈을 가져라.

신뢰라는 해결책

....

시장은 정보 위에서 돌아간다. 정보가 비대칭이면 시장이 무너질 수 있다. 그러면 시장을 유지하는 것은 무엇인가? 신뢰다. 중고차 시장이 완전히 붕괴하지 않는 이유. 브랜드 인증 중고차certified pre-owned가 있다. 제조사가 보증한다. 이 보증은 "우리가 검사했으니 레몬이 아닙니다"라는 신호다. 소비자는 이 신호를 믿는다. 조금 더 비싸도 산다. 신뢰에 돈을 내는 것이다. 브랜드, 보증, 리뷰, 평판, 규제, 인증. 이 모든 것은 정보 비대칭에 대한 인류의 대응이다. 완벽하지 않다. 하지만 이것들이 없으면 시장은 레몬으로 채워지고 붕괴한다. 시장은 가격으로 돌아가는 것 같지만, 진짜로 돌아가게 하는 것은 정보와 신뢰다. 가격은 정보가 반영된 결과물이다. 정보가 비대칭이면, 가격도 비뚤어진다. 가격이 비뚤어지면, 좋은 것이 사라지고 나쁜 것만 남는다.

INSIGHT

시장은 가격으로 돌아가는 것 같지만, 가격은 정보가 만든다. 정보가 기울어져 있으면 가격도 기울어진다. 거래 앞에서 물어라. 상대방은 내가 모르는 무엇을 알고 있는가?

애컬로프 더 읽기

• 「레몬 시장」왜 좋은 중고차는 시장에서 사라지는가? 읽기 쉬운 경제학 명작   난이도 ★★☆☆☆

그레이버의 부채

빚은 경제가 아니라 권력이다

05

David Graeber

빚은 단순한 숫자가 아니다. 빚은 관계다. 그리고 그 관계에는 언제나 힘의 불균형이 있다. 그레이버의 통찰을 안다는 것은 경제 이론을 외우는 것이 아니다. "빌린 돈은 갚아야지"라는 당연해 보이는 말 뒤에 숨겨진 권력 구조를 보는 것이다.

빌린 돈은 갚아야지

....

친구에게 10만 원을 빌렸다. 약속한 날짜가 지났다. 아직 못 갚았다. 친구에게 카톡이 온다. "야, 그 돈..." 당신은 뭘 느끼는가? 미안함. 부끄러움. 죄책감. 만약 친구가 "괜찮아, 천천히"라고 하면? 고마우면서도 더 미안해진다. 빨리 갚아야 한다는 압박감이 커진다. 만약 친구가 계속 안 받겠다고 하면? 관계가 이상해진다. 내가 아래쪽에 있는 것 같다. 빚을 갚기 전까지 대등하게 말할 수 없는 것 같다.

이제 반대 상황. 당신이 친구에게 10만 원을 빌려줬다. 약속한 날짜가 지났다. 친구가 안 갚는다. 당신은 뭘 느끼는가? 화남. "내가 믿고 빌려줬더니." 그리고 묘한 우월감. 내가 베풀었다. 상대는 나에게 빚졌다. 10만 원이라는 숫자는 같다. 하지만 빌린 쪽과 빌려준 쪽의 감정은 전혀 다르다. 왜? 인류학자 데이비드 그레이버는 이렇게 말한다. 빚은 숫자가 아니다. 관계다. 그리고 그 관계에는 반드시 위아래가 생긴다.

"빚진 자는 노예와 같고, 빚을 준 자는 주인과 같다."

— 『부채: 첫 5,000년의 역사』

5,000년 전이나 지금이나 달라진 게 없다. 빚은 관계를 기울게 만든다.

"빌린 돈은 갚아야지"의 함정

....

이 말은 너무 당연해서 의심하기 어렵다. 빌린 돈은 갚아야 한다. 누가 반대하겠는가? 그레이버는 반대한다. 정확히 말하면, 이 문장 자체를 반대하는 게 아니다. 이 문장이 가진 절대적 도덕성을 반대한다. 계기가 있었다. 웨스트민스터 사원에서 열린 한 모임에서 그는 빈곤국 부채 탕감 운동에 대해 이야기했다. IMF가 가난한 나라들에 돈을 빌려주고, 갚으라고 압박하면서 의료비와 교육비를 삭감하게 만든다고. 아이들이 죽어간다고. 그러자 옆에 있던 변호사가 말했다.

"하지만 빌린 돈은 갚아야 하지 않나요?" 그레이버는 충격을 받았다. 이 사람은 사악한 게 아니었다. 선량한 사람이었다. 그런데 "빌린 돈은 갚아야 한다"는 원칙 앞에서 아이들의 죽음이 뒷순위로 밀렸다. 이것이 그레이버가 발견한 것이다. 빚은 도덕이 된다. "갚아야 한다"는 의무감이 너무 강해서 다른 모든 도덕을 압도한다. 생명보다, 정의보다, 인간의 존엄보다 빚의 도덕이 앞선다. 왜? 빚의 도덕은 왜 이렇게 강력한가?

죄, 죗값, 구원

....

산스크리트어에서 '빚'을 뜻하는 ṛṇa는 동시에 '죄'를 뜻한다. 히 브리어에서도, 아람어에서도 '빚'과 '죄'는 같은 단어다. 한두 언어의 우연이 아니다. 문명권을 넘어 반복되는 패턴이다. 그레이버는 이 언어적 사실에서 출발한다. 기독교의 주기도문을 보자. 마태복음의 원문은 이렇다. "우리의 빚을 탕감하여 주옵소서forgive us our debts." 대부 분의 한국 교회에서는 이것을 "우리 죄를 사하여 주옵소서"라고 번 역한다. 빚이 죄로 바뀌었다. 혹은 처음부터 같은 것이었다.

'구원redemption'이라는 단어도 마찬가지다. 원래 의미는 빚을 갚고 담보로 잡힌 것을 되찾는 행위다. 그레이버가 보여주는 것은 이것이 다. 우리가 도덕이라고 부르는 것의 상당 부분이 사실은 빚의 언어 에서 왔다. 선과 악, 죄와 벌, 속죄와 구원. 이 모든 개념의 뿌리에 빚 이 있다. 빚을 갚아야 한다는 것이 도덕의 기본이 된 세계. 갚지 못하 면 죄인이 되는 세계. 우리는 그 세계에 살고 있다.

INSIGHT

"이 빚은 어떻게 만들어졌는가?" 그 질문 하나만 던져도, 갚아야 할 빚과 갚지 않아 도 될 빚이 나뉜다. 그리고 갚아야 할 빚도, 갚는 조건은 협상할 수 있다. 빚이 도덕이 되는 순간, 그 사실이 사라진다.

"닥쳐, 그리고 갚아"

....

빚의 진짜 문제는 숫자가 아니다. 빚이 관계를 고정시킨다는 것이다. 친구 사이에서 빚은 이렇게 작동한다. 내가 친구에게 밥을 산다. 다음에 친구가 산다. 정확히 같은 금액일 필요는 없다. 대충 맞으면 된다. 이것이 일상적 호혜다. 관계가 계속되기 때문에 정확한 청산이 필요 없다. 그런데 만약 친구가 밥을 사고 나서, 내가 바로 계좌이체를 한다면. "아까 밥값 정확히 보냈어." 받는 쪽은 어떤 느낌인가. 서운하다. 왜? 정확히 갚겠다는 건 다음을 만들지 않겠다는 뜻이기 때문이다. 빚을 청산하는 것은 관계를 끝내겠다는 선언이다.

그레이버는 여기서 통찰을 끌어낸다. 빚이 남아있다는 것은 관계가 살아있다는 뜻이다. 하지만 문제는 그 관계가 대등하지 않을 때 생긴다. 채무 관계에서 채권자는 절대적 도덕적 우위에 선다. "빌린 돈은 갚아야지." 이 한 마디로 채무자의 모든 사정은 무시된다. 왜 빌렸는지, 이자가 공정한지, 처음에 어떤 조건이었는지. 다 필요 없다. "갚아." 이것이 IMF가 가난한 나라들에게 한 일이다. 빚을 갚으라. 의료비를 삭감하라. 교육 예산을 줄여라. 아이들이 죽어간다고. 빌린 돈은 갚아야지. 그런데 이 도덕은 모두에게 적용되지 않는다. 2008년 금융위기. 은행들이 무모한 대출을 했다. 위기가 왔다. 정부가 은행을 구제했다. 비용은 납세자에게 돌아갔다. 은행은 살아남았다. 왜? 은행은 망하게 두기엔 너무 컸다. 그러나 서민의 주택담보대출은, 망하게 둬도 될 만큼 작았다. "갚아." 같은 빚인데 대우가 다르다. 왜? 권력이 다르기 때문이다.

> "은행에 10만 달러를 빚지면 은행이 당신을 소유한다. 은행에 1억 달러를 빚지면 당신이 은행을 소유한다."
>
> — 미국 속담, 『부채: 첫 5,000년의 역사』에서 인용

빚이 작으면 당신이 약자다. 빚이 크면 당신이 강자다. 빚의 도덕은 약자에게만 적용된다. 빚이 이토록 강력한 권력이라면, 처음부터 질문해야 한다. 빚은 어디서 시작된 것인가?

물물교환의 신화

....

경제학 교과서는 이렇게 시작한다. 태초에 물물교환이 있었다. 사과 가진 사람이 생선을 원한다. 생선 가진 사람이 쌀을 원한다. 교환이 복잡해지니까 돈이 발명됐다. 그레이버는 말한다. 이 이야기에 증거가 없다.

> "문제는 그런 일이 실제로 일어났다는 증거가 없다는 것이다. 오히려 그렇지 않았다는 증거가 압도적으로 많다"
>
> —『부채: 첫 5,000년의 역사』

인류학자들이 전 세계 화폐 이전의 사회를 연구했다. 아프리카, 아마존, 태평양 섬들. 물물교환이 먼저 있고 그로부터 화폐가 생겨났다는 경제학 교과서의 순서를 확인하려 했다. 확인되지 않았다. 실제로는 어땠을까. 이웃끼리는 외상이었다. "오늘 생선 줄게, 다음에 갚아." 마을 안에서는 서로 빚지고 갚는 관계가 일상이었다. 기록도 남아 있다. 메소포타미아에서 기원전 3500년경 사용된 점토판에 이미 대출 기록이 적혀 있다. 동전이 발명되기 수천 년 전이다. 그레이버의 결론. 돈보다 빚이 먼저다. 인류가 동전을 만들기 전부터 빚이 있었다. 빚이 사회를 조직하는 방식이었다. 그러면 동전은 왜 만들어졌는가? 그레이버에 따르면, 주로 전쟁 때문이었다. 왕이 군인에게 급여를 줘야 했다. 표준화된 금속 조각, 즉 동전이 필요했다. 그리고 백성들에게 세금을 그 동전으로 내라고 했다. 화폐는 신뢰에서 나온 게 아니다. 권력에서 나왔다.

빚이 만든 세계

....

빚보다 돈이 먼저라는 교과서의 이야기는 왜 문제인가. 단순히 역사적 사실이 틀려서가 아니다. 물물교환이 먼저라는 이야기는 인간을 '합리적 교환자'로 전제한다. 내가 가진 걸 주고 네가 가진 걸 받는 대등한 거래. 시장은 원래 공정하고, 돈은 그 공정함의 도구다. 하지만 빚이 먼저라면 이야기가 달라진다. 인간 관계의 출발점은 대등한 교환이 아니라 누군가에게 빚지는 것이다. 태어나는 순간 부모에게 빚지고, 공동체에 빚지고, 신에게 빚진다.

고대 인도의 브라만 경전은 이렇게 말한다. 인간의 삶 자체가 신에게 진 빚이다. 제사라는 이자를 내고, 죽음으로 원금을 갚는다. 이것은 아름다운 은유가 아니다. 실제 제도였다. 고대 메소포타미아에서 빚을 갚지 못한 농부는 자식을 채무 노예로 보내야 했다. 고대 로마법에서 채무 불이행자는 노예가 될 수 있었다. 아테네에서도 기원전 6세기 솔론이 부채 노예제를 폐지하기 전까지 빚은 곧 예속이었다. 빚은 관계를 만든다. 하지만 대등한 관계가 아니다. 빌린 쪽이 아래고, 빌려준 쪽이 위다. 그리고 이 위아래가 사회 전체를 조직한다.

INSIGHT

당신이 지금 지고 있는 빚을 떠올려보라. 학자금 대출, 주택담보대출, 카드 할부. 그 빚 때문에 하지 못하는 것이 있는가? 하기 싫은데 하고 있는 것이 있는가? 그것이 빚의 힘이다. 빚은 숫자가 아니라 행동을 지배한다.

희년: 빚을 리셋하라
·········

5,000년 동안 빚이 사회를 지배해왔다면, 사람들이 가만히 있었을까? 고대 메소포타미아의 왕들은 주기적으로 부채를 탕감했다. '깨끗한 석판 clean slate'이라고 불렸다. 왕이 즉위하면 모든 농업 부채

를 없앴다. 채무 노예를 풀어줬다. 압류된 땅을 돌려줬다. 구약성서의 '희년Jubilee'도 같은 전통이다. 50년마다 모든 부채를 탕감하고, 노예를 해방하고, 땅을 원래 주인에게 돌려준다. 고대 사회는 알고 있었다. 빚이 쌓이면 사회가 무너진다는 것을. 주기적으로 리셋해야 한다는 것을. 고대 역사학자 모세스 핀리의 말을 그레이버가 인용한다. 고대 세계에서 모든 혁명 운동의 강령은 하나였다. "빚을 탕감하고 땅을 재분배하라."

> **INSIGHT**
>
> 빚이 벅찰 때, 대부분은 자기 탓을 먼저 한다. 하지만 대출 조건은 바꿀 수 있다. 금리 인하, 상환 유예, 채무 조정. 리셋 버튼은 지금도 존재한다. 하지만 당신이 직접 요청해야 한다.

당신의 빚

....

다시 처음으로. 친구에게 10만 원을 빌렸다. 미안하고 부끄럽다. 빨리 갚아야 할 것 같다. 갚기 전까지는 대등하지 않은 것 같다. 이제 질문을 바꿔보자. 왜 빚지면 죄인처럼 느껴지는가? 누가 그렇게 만들었는가? 빌려준 쪽은 위험을 감수하지 않았는가? 이자를 받지 않았는가? 그런데 왜 도덕적 우위는 항상 빌려준 쪽에 있는가?

그레이버는 말한다. "빌린 돈은 갚아야 한다"는 인류 역사에서 가장 오래되고 가장 강력한 도덕 명제다. 너무 강력해서 의심조차 되지 않는다. 하지만 바로 그 때문에 의심해야 한다. 당신이 지고 있는 빚을 떠올려라. 그것은 단순한 숫자인가? 아니면 당신의 행동을 지배하고 있는 관계인가? 그 관계에서 당신은 위에 있는가, 아래에 있는가? 5,000년 동안 빚은 사람을 지배해왔다. 그것을 아는 순간, 빚이 당신에게 하는 말이 다르게 들린다.

그레이버 더 읽기

- 『**부채: 첫 5,000년의 역사**』 빚, 화폐, 도덕의 역사를 뒤집는 인류학적 대작　　　난이도 ★★★☆☆

촘스키의
체스판

룰을 만드는 자와 따르는 자

06

Noam
Chomsky

자유로운 사회에서 왜 사람들은 같은 방향으로 생각하는가? 촘스키의 대답
은 이렇다. 강제가 아니라 동의를 통해서다. 촘스키의 통찰을 안다는 것은
미디어 비판을 외우는 것이 아니다. 당신이 '당연하다'고 믿는 것들이 사실
은 누군가가 설계한 전제라는 것을 보는 것이다.

당신에게 세 가지 질문

....

질문 하나. 지금 당장 3억 원이 생겼다. 뭘 하겠는가? 대부분의 사람은 이렇게 대답한다. 집을 산다. 주식에 투자한다. 적금에 넣는다. 빚을 갚는다. 질문 둘. 왜 그 대답이 먼저 떠올랐는가? "당연하잖아"라고 생각했을 것이다. 3억 원이 생기면 집을 사거나 투자하는 게 당연하다. 다른 답이 뭐가 있겠는가? 질문 셋. 정말 다른 답이 없는가? 3억 원으로 1년간 아무것도 안 하고 쉴 수 있다. 동네에 작은 도서관을 열 수 있다. 친구 열 명에게 3천만 원씩 나눠줄 수 있다. 시골에 가서 농사를 지을 수 있다.

이 답들이 이상하게 느껴지는가? "비현실적"이라고 느껴지는가 바로 그 느낌이 핵심이다. 돈이 생기면 투자해야 한다는 것은 자연법칙이 아니다. 누군가 만든 전제다. 당신은 그 전제 안에서 자유롭게 선택했다. 하지만 전제 자체를 선택하지는 않았다. 노엄 촘스키는 이것을 '동의의 제조manufacturing consent'라고 불렀다.

독재의 두 가지 방법

....

노엄 촘스키는 언어학자다. MIT 교수로서 "인간은 언어를 배우는 것이 아니라 태어날 때부터 언어 능력을 갖고 있다"는 이론으로 언어학을 뒤집었다. 하지만 촘스키를 유명하게 만든 것은 학문이 아니라 정치 비판이다. 50년간 미국의 권력 구조를 비판해온 정치 사상가이기도 하다.

1988년, 촘스키는 경제학자 에드워드 허먼과 함께 『여론 조작Manufacturing Consent』을 썼다. 이 책의 질문은 단순하다. 독재국가에서 통제는 쉽다. 검열하고, 감시하고, 처벌한다. 하지만 민주주의 국가에서는? 언론의 자유가 있고, 선거가 있고, 누구든 뭐든 말할 수 있다. 그런데 왜 대부분의 사람들이 같은 방향으로 생각하는가? 촘스키의 대답은 이렇다. 두 번째 방법이 있다. 사람들이 스스로 동의하게 만드는 것이다. 검열이 필요 없다. 시스템이 자동으로 걸러낸다. 미디어의 소유 구조, 광고 의존, 정보원 의존, 정치적 압력. 허먼과 촘스키는 이 구조들이 필터처럼 작동하면서, 사람들에게 특정한 가치와 믿음과 행동 규범을 심는다고 주장했다. 아무도 명령하지 않는다. 하지만 결과는 명령한 것과 같다. 촘스키의 이 모형은 미디어 비판으로 유명하다. 하지만 돈의 세계에 적용하면 더 날카로워진다.

보이지 않는 울타리

....

당신은 한 달에 한 번 월급을 받는다. 그 돈으로 월세를 내고, 대출 이자를 내고, 보험료를 내고, 적금을 넣고, 남은 돈으로 생활한다.

다달이 반복한다. 이 구조가 이상한가? 아니다. 당연하다. 대부분의 사람이 이렇게 산다. 하지만 잠깐 멈추고 보자. 월급이라는 구조는 당신의 시간을 한 달 단위로 쪼개서 판다. 왜 한 달인가? 원래 그런 건가? 노동자의 임금은 원래 일당이나 주급이었다. 월급이 표준이 된 것은 고용주가 노동력을 안정적으로 확보하고 관리 비용을 줄이기 위해서다. 월급에 맞춰 월세가 설계되었고, 대출 상환도 월 단위로 맞춰졌다.

대출은 당신의 미래 소득을 현재로 끌어온다. 30년 주택담보대출은 당신의 앞으로 30년을 은행에 묶는다. 그 30년 동안 당신은 직장을 쉽게 그만두지 못한다. 모험을 하지 못한다. 대출이 있으니까.

보험은 불안을 상품으로 만든다. "혹시 아프면?" "혹시 사고가 나면?" 불안이 클수록 보험 상품이 잘 팔린다. 뉴스는 뉴스대로 불안한 이야기가 조회수를 올리고, 보험사는 보험사대로 그 불안을 상품으로 바꾼다. 아무도 담합하지 않았다. 하지만 방향이 같다. 적금은 "미래를 위해 현재를 참아라"는 도덕이다. 지금 쓰면 나쁘고, 모아두면 착하다. 근검절약의 미덕은 오래된 문화다. 하지만 그 문화를 가장 적극적으로 강화하는 쪽은 은행이다. 당신의 돈을 맡아두고 그 돈을 굴려서 이익을 보는 쪽이 은행이다. 월급-대출-보험-적금. 이 네 가지가 당신의 경제생활을 구성한다. 그리고 이 구조 안에서 이익을 보는 쪽은 언제나 금융기관이다. 당신은 이 구조를 선택했는가? 아니다. 태어났더니 이미 있었다.

촘스키라면 이렇게 말할 것이다. 이것이 보이지 않는 울타리다. 울타리 안에서 당신은 자유롭다. 어떤 은행을 고를지, 어떤 보험에 가입할지, 어떤 적금 상품이 이율이 높은지. 마음대로 고른다. 하지만 울타리 밖으로는 나갈 생각을 하지 않는다.

> **INSIGHT**
>
> 당신의 월급날을 떠올려라. 그 돈이 어디로 가는지 추적해보라. 월세, 대출, 보험, 적금. 각각에서 누가 이익을 보는가? 당신이 선택한 것은 "어떤 상품"이지, "이 구조 자체"가 아니다.

소비자라는 직업

....

촘스키는 프로파간다 모형 이후에 더 직접적인 질문을 던졌다. 왜 사람들은 더 벌고, 더 모으고, 더 사야 한다고 느끼는가? 촘스키는 경제학자 소스타인 베블런의 사상을 빌려 이 현상을 설명했다. '소비자 제조fabricating consumers'라고 불렀다. 사람들의 욕구를 만들어내는 것이다. 손에 거의 닿을 듯한 것들을 삶의 목표로 만들면, 사람들은 자발적으로 소비자가 된다. 당신의 하루를 보자. 아침에 일어나면 인스타그램을 연다. 누군가의 여행 사진, 새 차, 리모델링한 집. 부럽다. 점심시간에 유튜브를 본다. "20대에 1억 모은 법" "직장인 재테크 루틴." 아무도 당신에게 "사라"고 명령하지 않았다. 하지만 하루 종일 같은 메시지를 받았다. 더 벌어라. 더 모아라. 더 사라. 그래야 제대로 된 삶이다. 촘스키는 이 패턴이 우연이 아니라고 말한다. 사람들을 소비에 몰두하게 만들면 두 가지가 동시에 일어난다. 첫째, 생산과 소비의 바퀴가 계속 돌아간다. 경제가 멈추지 않는다. 둘째, 사람들이 정작 중요한 질문을 하지 않는다. 왜 이렇게 일해도 빠듯한가? 왜 이 시스템은 이렇게 되어 있는가? 이런 질문 대신, "다음 달에 뭘 살까"를 고민한다. 앞에서 본 프로파간다 모형은 정보를 걸러내는 구조였다. 소비자 제조는 한 발 더 들어간다. 정보가 아니라 욕구를 설계한다. 당신은 그 욕구를 자기 것이라고 믿는다. 진심으로 원한다. 하지만 그 "진심"이 어디서 왔는지는 묻지 않는다.

당연하다는 착각

....

"집은 사야 한다." 집을 사면 은행은 수십 년치 이자를 벌고, 건설사는 분양 수익을 벌고, 정부는 취득세를 걷고, 미디어는 부동산 뉴스로 조회수를 번다. "집은 사야 한다"는 전제 위에 거대한 산업이 서 있다. 아무도 담합하지 않았다. 하지만 이해관계가 같으니 메시지도 같다. 촘스키가 말한 것이 바로 이것이다. 음모가 아니다. 구조다. 이것은 부동산만의 이야기가 아니다. "대학은 가야 한다." 대학은 등록금을 받는다. 한국 사립대학 재정에서 등록금이 차지하는 비중은 압도적이다. 학생이 줄면 대학이 무너진다. 기업은 채용 공고에 "대졸 이상"을 적는다. 수만 명의 지원자를 걸러내는 가장 쉬운 기준이기 때문이다. 부모는 말한다. "대학은 가야지." 자기 경험이 그랬으니까. 미디어는 대학 순위를 매기고, 입시 시즌마다 특집을 쏟아낸다. 누구도 담합하지 않았다. 하지만 대학, 기업, 부모, 미디어가 전부 같은 방향을 가리킨다. 이 구조 안에서 "대학을 안 가면?"이라는 질문은 비현실적으로 들린다. "노후는 스스로 준비해야 한다." 50년 전에는 이 문장이 존재하지 않았다. 국가나 공동체가 노인을 돌보는 것이 당연했다. 지금 이 문장이 당연하게 느껴진다면, 그 당연함은 누가 만들었는가? 연금보험을 파는 금융사가, 개인 재무 설계를 파는 업계가, "노후 파산"을 보도하는 미디어가 같은 방향으로 밀었다. 패턴이 보이는가? 집, 대학, 노후. 영역은 다르지만 구조는 같다. 전제가 있고, 그 전제 위에서 이익을 보는 주체들이 있고, 그 주체들이 같은 메시지를 반복한다. 전제는 "당연한 것"이 된다. 당연한 것은 의심되지 않는다. 이것이 촘스키의 체스판이다. 말은 자유롭게 움직인다. 하지만 판 위에서만. 판의 크기는 말이 정하지 않는다.

> "사람들을 순종적으로 만드는 가장 영리한 방법이 있다. 허용되는 의견의 범위를 좁게 정해두되, 그 안에서는 활발한 토론을 장려하는 것이다."
>
> —『공동선』

판 밖에서 보기

·········

다시 처음의 질문으로. 3억 원이 생겼다. 뭘 하겠는가? 당신은 "집을 산다" "투자한다"라고 대답했다. 자연스럽게. 당연하게. 하지만 그 "당연함"은 어디서 왔는가? 부모가 말했다. 뉴스가 말했다. 은행 광고가 말했다. 유튜버가 말했다. 동료가 말했다. 그렇게 수천 번 반복된 메시지가 "당연함"이 되었다. 촘스키의 체스판에서 당신은 말이다. 자유롭게 움직인다. 하지만 판 위에서만 자유롭다. 판이 있다는 것을 아는 사람은 적어도 하나는 할 수 있다. 다음에 "당연하다"고 느끼는 순간, 멈추고 묻는 것이다. 이 당연함은 누가 만들었는가? 이 전제에서 누가 이익을 보는가? 완벽한 도구는 아니다. 하지만 이 질문이 한 번이라도 당신의 전제를 흔들면, 그것으로 체스판이 보이기 시작한다.

촘스키 더 읽기

• 『공동선을 위하여』 촘스키 사상의 입문서   난이도 ★★☆☆☆

처음부터 진 게임

PART 4

Decision Manual

선택을 설계하는 법

얼마면
충분한가

부의 최적점은 존재하는가

01

Georg
Simmel

자유를 샀더니 감옥이었다

당신이 중세의 농노라면

....

눈을 감고 상상해보라. 1340년. 프랑스 어딘가. 당신은 농노다. 태어난 곳이 당신의 세계 전부다. 영주의 땅에서 태어났고, 영주의 땅에서 죽을 것이다. 아버지도 그랬고, 할아버지도 그랬다. 이 땅을 떠날 수 없다. 영주의 허락 없이는 결혼도 못 한다. 무슨 작물을 심을지 영주가 정한다. 수확의 상당 부분을 바친다. 왜? 태어날 때 그렇게 정해졌으니까. 직업을 선택할 수 없다. 대장장이의 아들은 대장장이가 된다. 농부의 아들은 농부가 된다. 귀족의 아들은 귀족이 된다. 예외는 없다. "나는 뭐가 되고 싶어"라는 문장 자체가 존재하지 않는 시대다.

옷을 고를 수 없다. 신분에 따라 입을 수 있는 옷이 정해져 있다. 사치금지법. 농민은 비단을 입을 수 없다. 특정 색은 귀족만 쓸 수 있다. 몸에 걸치는 천 한 장이 당신이 누구인지 선언한다. 먹을 것을 고를 수 없다. 있는 것을 먹는다. 수확한 것의 남은 부분을 먹는다. 메뉴라는 개념이 없다. 선호라는 개념이 없다. 누구를 만날지 고를 수 없다. 당신의 마을에 사는 사람이 당신의 세계 전부다. 반경 10킬로미터. 그 안에서 태어나고, 사랑하고, 일하고, 죽는다. 이것이 자유가 없는 세계다. 불편한가? 그런데 한 가지는 있다. 물어볼 필요가 없다. "나는 무엇을 해야 하는가?" "나는 누구인가?" "어떻게 살아야 하는가?" 이런 질문이 필요 없다. 전부 정해져 있으니까. 고통스럽지만 명확하다. 부자유하지만 단단하다. 그리고 돈이 왔다.

상업이 발달했다. 도시가 생겼다. 화폐가 퍼졌다. 수백 년에 걸쳐, 천천히, 하지만 돌이킬 수 없이, 세상이 바뀌었다. 돈이 있으면 땅을 떠날 수 있다. 영주가 필요 없다. 도시로 간다. 돈이 있으면 직업을 고를 수 있다. 아버지가 농부여도 상인이 될 수 있다. 돈이 있으면 옷을 고를 수 있다. 신분이 아니라 취향이 옷을 결정한다. 돈이 있으면 먹을 것을 고를 수 있다. 백 가지 메뉴 중에서 오늘의 기분에 맞는 것을 고른다. 돈이 있으면 관계를 고를 수 있다. 싫은 사람 옆에 있지 않아도 된다. 떠나면 된다. 신분제가 무너졌다. 길드가 해체됐다. 이동의 자유가 생겼다. 직업의 자유가 생겼다. 소비의 자유가 생겼다. 인류 역사상 가장 위대한 해방. 이것을 가장 정확하게 분석한 남자가 있다.

30년의 비정규 강사

....

게오르크 짐멜. 독일의 사회학자이자 철학자. 베를린에서 태어나 베를린에서 공부하고 베를린에서 가르쳤다. 강의는 매우 인기가 많았다. 학생뿐 아니라 베를린의 작가, 예술가, 지식인들이 몰려들었다. 청중 수백 명이 강의실을 채웠다. 동시대의 막스 베버가 그를 존경했고, 시인 라이너 마리아 릴케가 그의 강의를 들었다.

그런데 정교수가 되지 못했다. 그는 유대인 출신이었다. 학문이 너무 독창적이어서 기존 학계의 분류 체계에 맞지 않았다. 사회학도 아니고 철학도 아니고 심리학도 아니고 미학도 아닌, 전부를 넘나드는 사유. 학계는 그를 어디에 놓아야 할지 몰랐다. 스물일곱에 베를린 대학의 비정규 강사가 됐다. 그 자리에 30년을 머물렀다. 30년. 쉰여섯에야 스트라스부르 대학의 정교수가 됐다. 하지만 곧 세계대전이 터졌고, 강의실은 군병원으로 바뀌었다. 그리고 그는 4년 뒤 간암으로 세상을 떠났다.

그가 30년의 비정규직 시절에 쓴 『돈의 철학』이라는 책은 1900년 출간됐다. 600페이지가 넘는다. 돈이 인간의 삶, 관계, 심리, 문화를 어떻게 변형시키는지를 다룬 최초의 본격적 철학서였다. 출간 당시 학계의 반응은 미지근했다. "사회학인가? 철학인가? 경제학인가?" 분류할 수 없었으니까. 하지만 120년이 지난 지금, 이 책은 고전이 되었다.

> "돈은 인간의 자유를 극대화하는 수단인 동시에, 삶의 내용을 공허하게 만드는 힘이다."
>
> ― 『돈의 철학』

짐멜은 돈을 찬양하지도 비난하지도 않았다. 해방과 감옥을, 자유와 공허를 같은 눈으로 동시에 봤다.

첫 번째 선물 – 관계로부터의 해방

....

물물교환 시대를 생각하라. 당신은 농부다. 쌀을 수확했다. 옷이 필요하다. 옷을 만드는 사람을 찾아가야 한다. 그런데 그 사람이 쌀을 원하지 않으면? 거래가 성사되지 않는다. 그 사람이 마을에 하나뿐이라면? 그와의 관계를 유지해야 한다. 싫어도 좋은 척해야 한다. 부당한 요구를 해도 참아야 한다. 대안이 없으니까. 당신의 생존이 특정한 사람에게 달려 있다. 돈은 이 속박을 끊었다. 이제 쌀을 팔고 돈을 받는다. 그 돈으로 누구에게든 옷을 산다. 옷을 만든 사람이 누구인지, 어떤 성격인지, 나를 좋아하는지 싫어하는지 상관없다. 돈을 내면 된다. 마을에 옷 가게가 한 곳뿐이고 주인이 마음에 안 드는가? 옆 마을로 가면 된다. 인터넷으로 주문하면 된다.

짐멜은 이것을 "개인적 의존에서의 해방"이라고 불렀다. 지금 당신의 삶을 보라. 회사가 싫으면 이직한다. 동네가 싫으면 이사한다. 가게가 마음에 안 들면 다른 가게에 간다. 식당 주인과 싸워도 다른 식당이 있다. 과외 선생이 별로여도 바꾸면 된다. 특정한 누구에게 묶여 있지 않다. 이 자유가 당연하게 느껴지는가? 중세의 농노에게는 상상조차 할 수 없는 것이었다.

지금 당신이 가장 "떠나고 싶은" 관계나 상황을 떠올려보라. 직장, 동네, 특정 모임. 떠날 수 있는가? 돈이 있다면 떠날 수 있다. 돈이 없다면? 참아야 한다. 돈이 자유라는 것은 추상적 명제가 아니다. "싫으면 떠날 수 있는가?"라는 구체적 질문이다.

두 번째 선물 – 가능성의 폭발

....

물물교환 시대에 당신이 선택할 수 있는 것은 상대방이 가진 것에 한정됐다. 쌀을 가져갔는데 상대가 옷만 만든다면, 옷밖에 얻을 수 없었다. 돈은 이 한계를 깨뜨렸다. 지금 당신에게 50만 원이 있다. 이 돈으로 무엇을 할 수 있는가? 제주도 왕복 비행기를 탈 수 있다. 미쉐린 레스토랑에서 식사할 수 있다. 책을 수십 권 살 수 있다. 한 달치 식비를 해결할 수 있다. 좋아하는 사람에게 선물을 살 수 있다. 온라인 강의를 들을 수 있다. 기부할 수 있다. 저축할 수 있다. 주식을 살 수 있다. 같은 50만 원인데 수백 가지 가능성이 열려 있다. 돈은 구체적인 물건이 아니다. 가능성 자체다.

독일어에서 Vermögen은 '재산'이라는 뜻이다. 동시에 '할 수 있음'이라는 뜻이다. 짐멜은 이 우연의 일치가 우연이 아니라고 봤다. 돈을 가지고 있다는 것은, 아직 결정되지 않은 무수한 가능성을 가지고 있다는 것이다. 이것이 돈을 가진 순간의 쾌감이다. 월급이 들어온 날, 통장을 볼 때 느끼는 그 기분. 아직 아무것도 사지 않았다. 하지만 뭐든 살 수 있다. 가능성이 눈앞에 펼쳐져 있다. 그 순간이 가장 기분 좋다. 실제로 쓰기 시작하면 가능성이 줄어들기 때문에, 쓰는 순간 약간의 상실이 따라온다.

짐멜은 이것을 정확하게 포착했다. 돈의 매력은 살 수 있는 물건에 있는 것이 아니라, 살 수 있다는 가능성 자체에 있다. 구두쇠가 돈을 안 쓰면서도 행복한 이유. 쓰면 가능성이 줄어들지만, 갖고 있으면 무한한 가능성이 유지되니까. 현대인은 이 가능성의 바다 위에 떠 있다. 과거의 사람들은 정해진 틀 안에서 살았다. 현대인은 끊임없이 선택한다. 무엇을 살지, 어디에 쓸지, 어떻게 살지, 누구와 살지. 역사상 가장 많은 선택지를 가진 세대.여기까지 읽으면 돈은 순수한 축복이다. 그런데 왜 공허할까?

왜 공허한가

·········

현대인은 역사상 가장 자유롭다. 가장 많은 선택지를 가지고 있다. 가장 많은 것을 살 수 있다. 그런데 왜 이렇게 공허한가. 왜 번아웃이 늘어나는가. 왜 우울증이 늘어나는가. 왜 "뭐 하고 싶어?"라는 질문에 대답이 안 나오는가. 왜 연봉이 올라도 만족하지 못하는가. 왜 배달 앱을 열고 수백 개의 식당을 스크롤하다가 "아무거나"를 시키는가. 짐멜은 한 세기 전에 이것을 정확하게 예언했다.

"자유로워진 현대인은 무엇을 할 것인지 알지 못한다. 해방된 이
후의 공허."

—『돈의 철학』

돈이 모든 속박에서 풀어주었다. 신분에서, 장소에서, 관계에서,
역할에서. 자유로워졌다. 그런데 풀려난 자리에 아무것도 채워지지
않았다. 중세의 농노는 자유가 없었지만 의미는 있었다. 삶의 목적
이 주어져 있었다. 신을 섬기고, 땅을 일구고, 가족을 먹이는 것. 질문
할 필요가 없었다. 답이 정해져 있었으니까. 현대인은 자유를 얻었
지만 의미를 잃었다. "무엇이든 할 수 있다"는 말은 "무엇을 해야 하
는지 아무도 말해주지 않는다"는 뜻이기도 하다. 자유는 선물이면서
동시에 짐이다.

INSIGHT

"뭐든 할 수 있는데 뭘 해야 할지 모르겠다." 이 문장이 당신에게 해당된다면, 그것
은 게으름이 아니다. 짐멜이 진단한 현대인의 구조적 조건이다. 속박이 사라진 자리
에 방향도 함께 사라진 것이다.

첫 번째 감옥 – 모든 것의 숫자화

....

처음에는 합리적이었다. 물건에 가격을 매겼다. 쌀은 얼마, 옷은

얼마. 비교할 수 있으니 편리하다. 그 다음에는 노동에 가격을 매겼다. 시급 만 원. 월급 300만 원. 연봉 5천만 원. 당신의 한 시간, 한 달, 한 해에 숫자가 붙었다. 그 다음에는 사람에게 가격을 매겼다. "저 사람 연봉이 얼마래?" 소개팅에서 직업과 연봉을 먼저 묻는다. "스펙이 어떻게 돼?" 사람의 가치가 숫자로 측정된다. 그 다음에는 경험에 가격을 매겼다. 여행은 얼마짜리 여행인가? 식사는 얼마짜리 식사인가? 결혼식은 얼마짜리 결혼식인가? 1만 원짜리 밥과 10만 원짜리 밥. 숫자가 경험의 질을 결정한다. 지금은 감정에까지 가격을 매긴다. "이 식당 별점 4.3." "이 영화 평점 8.7." "이 숙소 리뷰 4.8." 맛있었는지, 감동적이었는지, 편안했는지를 묻지 않는다. 숫자를 본다.

> "돈은 그 무색함과 무관심으로 모든 가치의 공통분모가 된다. 무서운 평준화 장치다. 사물의 핵심, 그 개별성, 고유한 가치, 비교 불가능성을 돌이킬 수 없이 파헤쳐버린다."
>
> — 「대도시와 정신적 삶」

짐멜은 이것을 "양적 사고의 지배"라고 불렀다. 어머니의 손맛이 담긴 밥과 미쉐린 3스타 레스토랑의 밥. 어느 쪽이 더 가치 있는가? 양적 사고는 답한다. "미쉐린이요. 한 끼에 50만 원이니까." 하지만 당신의 마음은 안다. 비교할 수 없다는 것을. 질적으로 완전히 다른 것이라는 것을. 돈은 비교할 수 없는 것을 비교 가능하게 만들었다. 편리하다. 하지만 그 편리함의 대가로, 비교 불가능한 것의 고유한 가치가 사라진다.

당신이 마지막으로 무언가의 가격을 묻기 전에 "이것이 좋은가? 아름다운가? 의미 있는가?"를 먼저 물은 것이 언제인가? 오래됐다면, 양적 사고가 당신의 기본 운영 체제가 되어 있는 것이다.

두 번째 감옥? 수단이 목적이 된다

....

"왜 일하세요?"

"돈 벌려고요."

"돈 벌어서 뭐 하려고요?"

"…"

이 질문에 즉시 답할 수 있는 사람이 얼마나 되는가? 돈은 원래 수단이었다. 맛있는 음식을 먹고, 편안한 집에 살고, 사랑하는 사람과 시간을 보내기 위한 도구. 목적은 음식이고, 집이고, 시간이다. 돈은 그것을 위한 수단일 뿐이다. 그런데 어느 순간 수단이 목적이 되었다. 통장 잔고가 늘어나는 것 자체가 기쁨이 된다. 숫자가 올라가면 안도한다. 내려가면 불안하다. 그 숫자로 무엇을 하겠다는 것이 아니다. 숫자 자체가 목적이다. 짐멜은 이것을 "수단의 목적화"라고 불렀다. 돈은 어딘가로 건너가기 위한 다리다. 건너편에 삶의 내용이 있다. 음식, 경험, 관계, 의미, 기쁨. 그런데 우리는 다리를 건너지 않는다. 다리 위에서 다리를 넓히고, 다리를 장식하고, 다리의 크기를 자랑한다.

"맛있는 걸 먹기 위해 돈을 번다"가 아니라, "돈을 벌기 위해 밥을 대충 먹는다." "여행을 가기 위해 돈을 모은다"가 아니라, "돈을 모으기 위해 여행을 안 간다." "가족과 시간을 보내기 위해 일한다"가 아니라, "일하느라 가족을 못 본다." 수단과 목적이 완전히 뒤집혔다. 삶의 내용을 위한 도구가 삶의 내용 자체를 집어삼켰다.

INSIGHT

"돈 벌어서 뭐 하려고?" 이 질문에 구체적으로 답할 수 있는가? "여유롭게 살려고"는 답이 아니다. 그것은 또 다른 수단이다. "여유롭게 살아서 뭘 하려고?" 끝까지 파고들었을 때 나오는 것이 당신의 진짜 목적이다. 그 목적이 없으면, 당신은 다리 위에 집을 짓고 있는 것이다.

세 번째 감옥 – 자유로운 고독

....

편의점에서 삼각김밥을 산다. 카드를 찍는다. 알바생과 눈이 마주치지 않는다. 물건을 챙기고 나온다. 내일 다시 와도 그 알바생이 누군지 모른다. 그 알바생도 당신을 기억하지 않는다. 택시를 탄다.

목적지를 말한다. 도착하면 결제한다. 내린다. 기사의 이름을 모른다. 얼굴도 기억나지 않는다. 배달이 온다. 문 앞에 놓인다. 가져간다. 배달원의 얼굴을 본 적이 없다. 효율적이다. 빠르다. 편하다. 아무에게도 좋은 척 안 해도 된다. 아무에게도 감사 인사 안 해도 된다. 아무에게도 얽매이지 않는다.

그런데 아무도 나를 알지 못한다. 아무도 나를 기억하지 않는다. 아무도 내가 아픈지 모른다. 아무도 내가 사라져도 모른다. 짐멜은 대도시에서 이 현상의 극단을 보았다. 1900년대 초 베를린. 200만 명이 모여 사는 도시. 농촌에서는 이웃이 당신의 모든 것을 안다. 자유롭지 않다. 대도시에서는 익명이다. 뭘 하든, 어떻게 살든 아무도 모른다. 자유롭다. 그 자유의 이면. 옆집 사람이 일주일째 나오지 않는다. 아무도 모른다. 택배가 쌓여 있다. 아무도 확인하지 않는다. 수백만 명이 사는 도시에서 홀로 죽는다. 한국에서 매년 보도되는 뉴스. 고독사. 이것이 자유의 끝에 있는 풍경이다.

짐멜은 대도시인이 이 끊임없는 자극의 폭격 속에서 자기를 보호하기 위해 무감각해진다고 보았다. 그는 이것을 "블라제^{blasé}"라고 불렀다. 시큰둥함. 무관심. 지하철에서 옆 사람이 울어도 모른 척한다. 길에서 누가 쓰러져도 지나친다. 반응하면 미쳐버리니까. 그래서 감각을 끈다. 아무에게도 얽매이지 않는다는 것은, 아무도 나를 붙잡아주지 않는다는 뜻이기도 하다.

지난 한 주 동안 거래한 사람들을 떠올려보라. 카페 직원, 택시 기사, 배달원, 편의점 알바생. 그들의 얼굴이 떠오르는가? 당신의 얼굴도 그들에게 떠오르지 않는다. 돈이 관계를 대체한 자리에 효율이 들어앉았고, 효율이 들어앉은 자리에서 인간이 사라졌다.

역사상 가장 자유롭고, 역사상 가장 공허한

....

돈은 자유를 주었다. 그 자유가 감옥이 되었다. 비유하자면 감옥의 문은 열려 있다. 하지만 나갈 곳을 모른다. 짐멜은 돈을 버리라고 말하지 않았다. 돈 없이 현대 사회에서 살 수 없다. 돈을 거부하는 순간 사회 밖으로 밀려난다. 중세의 농노로 돌아갈 수도 없고, 돌아가고 싶지도 않다. 그가 말한 것은 하나다. 보라. 돈이 무엇을 주었는지, 그리고 무엇을 가져갔는지. 동시에. 한쪽만 보면 찬양이 되거나 비난이 된다. 양쪽을 동시에 보는 것. 그것이 짐멜의 시선이다. 자유를 누리되, 그 자유가 무엇을 대가로 요구하는지 잊지 않는 것. "얼마?"라고 묻기 전에 "이것이 좋은가?"를 묻는 습관을 잃지 않는 것. 다리를 건너야 한다는 것을, 다리 위에 사는 것이 아니라는 것을 기억하는 것. 이것이 돈과 함께 살아가는 기술이다. 짐멜이 한 세기 전에 발견하고, 우리가 매일 잊어버리는 기술.

짐멜 더 읽기

- 『**돈의 철학**』 돈과 삶, 관계, 문화의 관계   난이도 ★★★★★
- 「**대도시와 정신적 삶**」 도시는 인간의 심리를 어떻게 바꾸는가?   난이도 ★★★☆☆

에피쿠로스의 계산

행복은 소득이 아니라 욕망의 크기다

02

Epicurus

에피쿠로스처럼 생각한다는 것은 금욕을 실천하는 것이 아니다. "얼마면 충분한가?"라는 질문에 자기만의 숫자를 갖는 것이다. 그 숫자를 가진 사람은 더 이상 쫓기지 않는다.

승진 축하합니다

·········

드디어 됐다. 연봉이 올랐다. 오래 기다렸다. 회식 자리에서 축하를 받는다. 술잔을 부딪힌다. 기분이 좋다. 집에 가는 택시 안에서 연봉 계산을 한다. 세후로 얼마지? 월급이 얼마나 오르지? 다음 달. 첫 월급이 들어온다. 통장을 확인한다. 생각보다 적다. 세금이 올랐다. 4대 보험도 올랐다. 그래도 좋다. "나한테 좀 잘하자." 그동안 참았던 것들을 산다. 좋은 동네로 이사한다. 월세가 오른다. 차를 바꾼다. 할부가 생긴다. 옷을 바꾼다. 카드값이 오른다. 보험을 하나 더 든다.

석 달이 지난다. 통장 잔고를 본다. 이상하다. 연봉이 올랐는데 남는 돈이 비슷하다. 아니, 오히려 줄었다. 어디로 갔지? 월세, 할부, 카드값, 보험. 고정 지출이 올라간 것이다. 그리고 묘한 감정이 찾아온다. 승진하기 전에는 "이것만 되면 좀 여유로워지겠지"라고 생각했다. 됐다. 하지만 여유롭지 않다. 오히려 잃을 것이 더 많아진 느낌이다. 이 생활 수준을 유지하려면 지금보다 더 벌어야 한다. 다음 목표가 생긴다. 다음 승진. 다음 연봉 인상. "그때 되면 좀 여유로워지겠지." 이 문장, 3년 전에도 똑같이 말하지 않았는가? 2,300년 전, 아테네 외곽의 작은 정원에서 한 철학자가 이 고리를 정확히 진단했다. 그리고 끊는 법을 알려줬다.

FIRE 운동의 원조

....

에피쿠로스. 아테네 외곽에 집 한 채와 정원을 사서 친구들과 함께 살았다. '정원'이라고 불린 이 공동체의 생활비는 극도로 낮았다. 보리빵과 물. 와인은 조금만 허용됐다. 에피쿠로스 본인은 외투 두 벌이 전 재산이었다. 이것은 고행이 아니었다. 계산이었다. 에피쿠로스의 핵심 통찰은 이것이다. 필요한 것이 적으면 필요한 돈이 적다. 필요한 돈이 적으면 팔아야 하는 시간이 적다. 팔아야 하는 시간이 적으면 자유 시간이 늘어난다. 자유 시간이 늘어나면 진짜 하고 싶은 것을 할 수 있다. 이 논리가 낯익지 않은가? 2010년대에 미국에서 확산된 FIRE^Financial Independence, Retire Early 운동이 정확히 같은 구조다. 생활비를 극단적으로 줄이고, 저축률을 극대화해서, 가능한 한 빨리 '충분한 돈'을 모은 뒤 회사를 그만두는 것. 핵심은 "더 많이 벌기"가 아니라 "더 적게 필요하기"다. 에피쿠로스는 2,300년 전에 이 것을 실행했다. FIRE 운동의 원조다.

> "외부의 것들로부터 독립하는 것을 큰 선으로 여기는 까닭은 항상 적은 것으로 살라는 뜻이 아니다. 많이 갖지 못했을 때에도 적은 것으로 만족할 수 있도록 하기 위함이다."
>
> —「메노이케우스에게 보내는 편지」

적게 가지라는 것이 아니다. 적게 필요하라는 것이다. 차이는 크다. 적게 가지는 것은 가난이다. 적게 필요한 것은 자유다.

당신의 손익분기점

....

기업에는 손익분기점이 있다. 매출이 이 지점을 넘으면 이익이 나고, 못 넘으면 손해다. 에피쿠로스는 개인의 삶에도 손익분기점이 있다고 본 것이다. 에피쿠로스는 인간의 욕구를 세 가지로 나눴다. 첫째, 자연스럽고 필수적인 욕구. 먹는 것, 마시는 것, 잠자리, 따뜻함. 이것은 생존이다. 비용이 적게 든다. 그리고 결정적으로, 채우면 끝난다. 배가 부르면 더 이상 먹을 필요가 없다. 둘째, 자연스럽지만 필수적이지 않은 욕구. 빵 대신 스테이크, 물 대신 와인, 원룸 대신 넓은 아파트. 가끔 즐기면 좋다. 하지만 없어도 생존에 지장이 없다. 셋째, 자연스럽지도 필수적이지도 않은 욕구. 명예, 지위, 인정, 과시. 이 욕구는 채울수록 더 커진다. 끝이 없다.

"자연적인 것은 얻기 쉽고, 헛된 것은 얻기 어렵다."

— 「주요 교설」

손익분기점은 첫 번째 욕구가 채워지는 지점이다. 여기까지는 돈이 고통을 줄인다. 배고픔, 추위, 불안정. 이 고통이 사라지면 삶의 질이 확실히 올라간다. 하지만 이 지점을 넘으면? 돈이 더 들어와도 고통은 이미 사라진 뒤다. 사라진 고통을 더 사라지게 할 수는 없다. 연봉 3천만 원에서 5천만 원이 되면 삶이 확실히 나아진다. 먹고사는 불안이 줄어든다. 하지만 5천만 원에서 8천만 원이 되면? 나아지긴 한다. 하지만 3천만 원에서 5천만 원 때만큼은 아니다. 그렇다면 8천만 원에서 1억 원이 되면? 차이가 확 줄어든다. 대신 새로운 고통이 생긴다. 잃을까 봐 불안하고, 옆 사람과 비교하게 되고, 더 벌어야한다는 압박이 생긴다.

> "소박한 음식은 호화로운 식단과 같은 쾌락을 준다. 결핍의 고통
> 만 제거되면 빵과 물이 최고의 쾌락을 준다."
>
> —「메노이케우스에게 보내는 편지」

노벨경제학상을 받은 대니얼 카너먼의 행복 연구도 같은 방향을 가리킨다. 소득이 올라갈수록 행복의 증가폭은 줄어든다. 3천만 원에서 5천만 원으로 갈 때의 변화와, 8천만 원에서 1억 원으로 갈 때의 변화는 같지 않다.

INSIGHT

당신의 월 지출을 적어보라. 그중에서 첫 번째 욕구(생존에 필수적인 것)에 해당하는 금액은 얼마인가? 두 번째(있으면 좋은 것)는? 세 번째(남에게 보여주기 위한 것)는? 첫 번째 숫자가 당신의 손익분기점이다.

정원이라는 스타트업

....

에피쿠로스는 이론만 말하지 않았다. 직접 만들었다. 기원전 306년, 아테네. 당시 철학의 양대 산맥은 플라톤이 세운 아카데미아와 아리스토텔레스가 세운 리케이온이었다. 엘리트 남성들이 모여 정치와 우주를 논하는 곳이었다. 입학 조건이 까다로웠고, 졸업 후에는 정치가나 관료가 되는 것이 목표였다. 에피쿠로스는 정반대를 만들었다. 아테네 외곽에 정원을 사서 공동체를 열었다. 여성도 받아들였고, 노예도 받아들였다. 당시로서는 혁명이었다. 정원 입구에는 이런 문구가 적혀 있었다고 전해진다. "이곳에서 그대는 환대받을 것이다. 이곳에서 쾌락이 최고의 선이다."

하지만 들어가면 나오는 것은 보리죽 한 그릇과 물 한 잔이었다. 이것을 현대적으로 번역하면 이렇다. 에피쿠로스는 "낮은 생활비 + 높은 삶의 질" 모형을 설계한 것이다. 운영비를 극단적으로 줄이되, 핵심 가치(우정, 대화, 사색)에 집중하는 구조. 스타트업으로 치면 린lean 모형이다. 불필요한 비용을 전부 잘라내고 핵심에만 투자한다. 정원의 비용 구조는 단순했다. 음식은 보리빵과 물. 주거는 공동 거주로 분담했다. 오락은 대화와 사색이었다. 돈이 들지 않았다. 이 구조에서 구성원들이 일해야 하는 시간은 최소였다. 남은 시간은 전부 하고 싶은 것에 쓸 수 있었다.

에피쿠로스는 71세까지 살았다. 만성 질병에 시달렸지만 죽는

날까지 친구들과 정원에서 살았다. 마지막 편지에서 그는 극심한 고통 속에서도 "친구들과 나눈 대화의 기억이 이 모든 고통을 상쇄한다"고 적었다. 삶에서 가장 값진 것은 돈이 들지 않았다.

"더 많이"의 함정

....

에피쿠로스의 계산이 왜 지금 중요한가? 연봉이 오르면 생활 수준이 올라간다. 생활 수준이 올라가면 고정 지출이 올라간다. 고정 지출이 올라가면 필요한 돈이 올라간다. 필요한 돈이 올라가면 더 벌어야 한다. 더 벌면 생활 수준이 또 올라간다. 끝이 없다. 3천만 원 벌 때 월 지출이 200만 원이었다. 5천만 원이 되니 지출이 300만 원이 됐다. 8천만 원이 되니 500만 원이 됐다. 1억 원이 되니 700만 원이 됐다. 벌어도 벌어도 남는 게 비슷하다. 기준선이 같이 올라가기 때문이다.

에피쿠로스의 처방은 기준선을 고정하는 것이다. 소득이 올라가도 지출을 올리지 않는다. 그러면 차액이 쌓인다. 차액이 쌓이면 선택지가 생긴다. 회사를 그만둘 수 있는 선택지. 쉴 수 있는 선택지. 하고 싶은 일을 할 수 있는 선택지. 적게 쓰는 것은 인내가 아니다. 전략이다.

지난 3년간 당신의 소득과 지출을 떠올려보라. 소득이 올랐는가? 지출도 같이 올랐는가? 만약 같이 올랐다면, 당신도 같은 패턴 안에 있다. 에피쿠로스의 질문은 간단하다. 3년 전의 지출 수준으로 돌아갈 수 있는가? 돌아갈 수 있다면, 그 차액이 당신의 자유다.

3년 전의 당신

·········

다시 처음으로. 승진했다. 연봉이 올랐다. 좋은 동네로 이사했다. 차를 바꿨다. 석 달 뒤 통장을 보니 남는 돈이 비슷하다. "다음 승진 때면 좀 여유로워지겠지." 이 문장을 3년 전에도 했다. 3년 뒤에도 할 것이다. 에피쿠로스라면 묻는다. 3년 전의 생활 수준으로 돌아갈 수 있는가? 3년 전에도 당신은 살아 있었다. 굶지 않았다. 춥지 않았다. 지금보다 적게 벌었지만 지금보다 더 불행하지는 않았다. 그때의 지출 수준을 유지했다면, 지금 통장에 얼마가 있었을까? 그 숫자가 당신의 자유였다. 에피쿠로스의 정원에는 답이 적혀 있었다. 필요한 것이 적으면 자유가 늘어난다. 당신의 충분함은 얼마인가?

에피쿠로스 더 읽기

- 「메노이케우스에게 보내는 편지」 에피쿠로스 윤리학의 핵심, 짧고 강렬하다   난이도 ★★☆☆☆
- 『돈이냐 인생이냐』 비키 로빈·조 도밍후에즈, FIRE 운동의 바이블   난이도 ★★☆☆☆

세네카의
모순

부자이면서 철학자로 살 수 있는가

Lucius Annaeus
Seneca

에피쿠로스는 빵과 물로 살면서 "이것으로 충분하다"고 말했다. 아름다운 이야기다. 하지만 현실에서 대부분의 사람은 빵과 물로 살지 않는다. 돈을 벌고, 쓰고, 모으고, 잃는다. 세네카는 그 현실 한가운데에서 질문한다. 돈을 가진 채로 돈에서 자유로울 수 있는가? 세네카처럼 생각한다는 것은 부를 거부하는 것이 아니다. 부를 가지되, 부의 주인으로 남는 것이다.

부자의 설교

·········

상상해보라. 한 남자가 연단에 선다. 양복은 맞춤이고, 시계는 고가이고, 차는 외제다. 그가 말한다. "돈에 집착하지 마십시오. 물질적인 것은 중요하지 않습니다. 진정한 행복은 내면에 있습니다." 당신은 어떤 느낌이 드는가? 아마 이런 느낌일 것이다. "당신이 그 말을 해?" 돈이 넘치는 사람이 돈이 중요하지 않다고 말한다. 위선이다. 배 부른 소리다. 돈 걱정 안 해본 사람이나 하는 말이다.

2,000년 전 로마에서 정확히 같은 일이 벌어졌다. 한 철학자가 "부에 집착하지 마라" "검소하게 살라" "운명에 흔들리지 마라."고 가르쳤다. 그의 재산은 3억 세스테르티우스. 현대 가치로 환산하면, 적게 잡아도 수 천억 원대로 추산된다. 로마 제국에서 손꼽히는 부자였다. 별장이 여러 채 있었고, 포도원을 소유했고, 황제의 가정교사이자 최측근 고문이었다. 동시대 정치인 수일리우스는 그를 공개적으로 조롱했다. 철학을 가르치면서 어떻게 그렇게 부자가 됐느냐고. 그의 이름은 루키우스 안나이우스 세네카. 스토아 철학의 가장 유명한 실천가이자, 역사상 가장 논쟁적인 철학자 중 하나다.

폭군의 교사

....

세네카의 인생은 소설보다 극적이다. 스페인 코르도바에서 태어나 로마에서 교육받았다. 젊은 시절부터 스토아 철학을 공부했고, 정치가로서 원로원에 입성했다. 재능이 있었다. 연설이 뛰어났고, 글이 명료했고, 사람들이 따랐다. 서기 41년, 인생이 뒤집어진다. 황제 클라우디우스가 세네카를 코르시카 섬으로 추방한다. 표면적 이유는 황제의 조카와의 불륜 의혹. 진짜 이유가 무엇이었는지는 지금도 불분명하다. 어쨌든 세네카는 로마에서 가장 잘나가던 삶에서 하루아침에 섬으로 쫓겨났다. 8년간의 유배 생활. 이 시간이 세네카를 만들었다. 그는 어머니에게 위로의 편지를 쓰면서 이렇게 적었다. "운명이 빼앗을 수 있는 것에 행복을 걸지 마라." 진심이었을 것이다. 모든 것을 잃어본 사람이니까.

서기 49년, 반전이 온다. 황제의 아내 아그리피나가 세네카를 로마로 불러들인다. 자기 아들의 가정교사로 쓰기 위해서. 그 아들의 이름은 네로. 훗날 로마 역사상 가장 악명 높은 폭군이 될 소년이다. 세네카는 네로의 스승이 되었고, 네로가 황제가 되자 최측근 고문이 되었다. 네로 치세 초기 5년은 로마의 황금기로 불린다. 많은 역사가들은 이 시기의 선정이 세네카의 영향이라고 본다. 하지만 세네카의 부도 이 시기에 폭발적으로 늘어났다. 3억 세스테르티우스. 그리고 네로는 점점 광기에 빠져갔다. 어머니를 살해하고, 원로원을 탄압했다. 로마 대화재가 일어났고, 네로가 불을 질렀다는 소문이 퍼졌다. 세네카는 두 번 은퇴를 시도했지만 네로가 허락하지 않았다.

서기 65년. 네로가 세네카에게 자살을 명령한다. 세네카가 자신에 대한 암살 음모에 가담했다는 혐의였다. 실제로 가담했는지는 불분명하다. 하지만 네로에게 그것은 중요하지 않았다. 세네카는 손목의 혈관을 끊었다. 피가 너무 천천히 흘렀다. 독약을 마셨다. 효과가 없었다. 따뜻한 목욕탕에 들어갔다. 증기에 질식해서 죽었다. 타키투스는 이렇게 기록했다. "그는 부와 권력의 절정에서도 삶의 끝을 생각하고 있었다." 유언대로 장례식은 없었다.

왜 이 사람의 말을 들어야 하는가

....

여기서 질문이 나온다. 세네카의 철학을 왜 진지하게 받아들여야 하는가? "돈에 집착하지 마라"고 말하면서 로마 최고 부자 중 하나였던 사람. "소박하게 살라"고 쓰면서 별장 여러 채를 소유한 사람. "권력에 휘둘리지 마라"고 가르치면서 네로의 최측근으로 산 사람. 심지어 네로가 어머니를 살해한 뒤, 원로원에 보낼 변명문을 대필한 것도 세네카다. 위선자 아닌가?

이 비판은 2,000년 동안 계속되었다. 세네카 자신도 이것을 알고 있었다. 서기 58년경, 정치인 수일리우스 루푸스가 공개적으로 세네카의 위선을 공격했다. 같은 시기에 세네카는 『행복한 삶에 대하여』

를 썼다. 이 책에서 그는 정면으로 답한다.

> "당신은 나에게 말한다. '당신은 자신이 말하는 대로 살지 않는
> 다'고. 이 비난은 악의로 가득 찬 것이고, 가장 뛰어난 사람들에
> 게도 던져진 것이다. 하지만 나는 이렇게 대답하겠다. 나는 내가
> 말하는 대로 살지 못한다. 그것은 사실이다. 하지만 당신도 당신
> 이 생각하는 대로 살지 못한다. 차이는 이것이다. 나의 결함은 나
> 자신을 불편하게 만든다. 나는 매일 나 자신에게 해명해야 한다."
>
> ─ 『행복한 삶에 관하여』

이것이 세네카의 첫 번째 답이다. 나는 완벽하지 않다. 하지만 완
벽하지 않다고 해서 노력을 멈추지 않는다. 의사가 아프다고 해서
의학이 거짓이 되지 않는다.

부는 선도 악도 아니다

·········

세네카의 두 번째 답은 더 날카롭다. 스토아 철학에서 부는 '무관
한 것adiaphora'이다. 그 자체로 선도 아니고 악도 아니다. 건강이 그렇
고, 명예가 그렇고, 생명 자체도 그렇다. 선은 오직 덕virtue뿐이고, 악
은 오직 악덕vice뿐이다. 나머지는 전부 무관한 것이다. 이것이 무슨
뜻인가? 돈이 있다고 착한 사람이 되지 않는다. 돈이 없다고 나쁜 사

람이 되지 않는다. 돈은 당신을 선하게도 악하게도 만들지 않는다. 당신이 돈을 어떻게 대하느냐가 선과 악을 결정한다.

> "나는 부가 선이라는 것을 부정한다. 만약 부가 선이라면, 부는 사람을 선하게 만들 것이다. 하지만 실제로는 그렇지 않다."
>
> —『행복한 삶에 관하여』

에피쿠로스는 부를 멀리했다. 부 자체가 욕구를 키우고 자유를 줄인다고 봤다. 세네카는 다르다. 부가 문제가 아니다. 부에 대한 태도가 문제다.

> "현자는 부를 집 안에 들이지만, 마음에 들이지는 않는다. 부를 소유하되, 부에 소유당하지 않는다."
>
> —『행복한 삶에 관하여』

이것이 세네카의 핵심 논리다. 부를 가져라. 하지만 부에 종속되지 마라. 내일 모든 것을 잃어도 무너지지 않을 수 있다면, 당신은 부의 주인이다. 잃을까 봐 두렵다면, 부가 당신의 주인이다.

잃는 연습

....

말은 쉽다. "부에 집착하지 않는다"고 어떻게 확인할 수 있는가? 세네카의 방법은 구체적이다. 잃는 연습을 하라. 세네카는 제자 루킬리우스에게 보내는 편지에서 이렇게 권한다. 한 달에 며칠은 가장 싸구려 음식만 먹어라. 가장 거친 옷만 입어라. 가장 불편한 잠자리에서 자라. 그리고 스스로에게 물어라. "이것이 내가 두려워하던 것인가?"

> "스스로에게 며칠간 이렇게 말하라. '이것으로 충분하다.' 가난을 겪어보라. 그러면 가난을 두려워하지 않게 된다."
>
> ─「루킬리우스에게 보내는 편지」

이것은 금욕이 아니다. 훈련이다. 운동선수가 경기 전에 최악의 상황을 시뮬레이션하는 것과 같다. 스토아 철학에서는 이것을 '불행의 예행연습premeditatio malorum'이라고 부른다. 미리 잃어보면 실제로 잃었을 때 무너지지 않는다. 현대적으로 번역하면 이렇다. 한 달에 하루, 택시 대신 버스를 타보라. 외식 대신 편의점 도시락을 먹어보라. 최신 스마트폰 대신 3년 전 폰을 써보라. 그리고 물어보라. 이것이 정말 견딜 수 없는가? 아니면 익숙하지 않은 것뿐인가? 견딜 수 있다면, 당신은 그만큼 자유롭다. 지금 가진 것을 잃어도 괜찮다는 확인. 그것이 세네카가 말하는 부의 주인이 되는 방법이다.

시간이라는 부

....

세네카의 또 다른 통찰은 돈이 아니라 시간에 대한 것이다. 그의 가장 유명한 에세이 『인생의 짧음에 대하여』는 이렇게 시작한다.

"인생이 짧다고 모두가 불평한다. 하지만 우리는 짧은 인생을 받은 것이 아니라, 우리가 인생을 짧게 만드는 것이다. 우리는 인생이 부족한 게 아니라 낭비하는 것이다."

— 『인생의 짧음에 대하여』

세네카가 본 로마 사회. 사람들은 돈을 벌기 위해 시간을 쓴다. 하지만 돈을 벌면 그 돈으로 시간을 사지 않는다. 더 큰 집을 산다. 더 비싼 연회를 연다. 더 화려한 옷을 입는다. 그리고 그것을 유지하기 위해 또 시간을 쓴다. 2,000년 뒤에도 달라진 게 없다. 돈을 벌기 위해 시간을 쓰고, 번 돈으로 시간을 사지 않고, 더 비싼 것을 사고, 그것을 유지하기 위해 또 시간을 쓴다. 세네카의 질문. 당신의 시간 은 누구의 것인가?

> "우리는 돈은 함부로 나눠주지 않는다. 하지만 시간은 아무에게 나 내준다. 돈에는 인색하면서 시간에는 가장 헤프다. 인색해야 할 것은 시간뿐인데."
>
> —『인생의 짧음에 대하여』

연봉이 오르면 시간이 늘어나는가? 보통은 반대다. 연봉이 오르 면 책임이 늘어나고, 회의가 늘어나고, 야근이 늘어난다. 돈은 늘었 는데 시간은 줄었다. 무엇이 진짜 부인가? 세네카에게 진짜 부는 자 기 시간을 자기가 쓸 수 있는 상태였다. 그래서 그는 두 번이나 네로 에게 은퇴를 요청했다. 재산을 전부 돌려주겠다고까지 했다. 네로가 거부했다. 세네카는 자기 시간을 되찾지 못했다. 그리고 결국 그 시 간이 끊겼다.

INSIGHT

지난 한 주를 떠올려보라. 깨어 있는 시간 중 몇 퍼센트를 당신이 원하는 일에 썼는 가? 나머지는 누구의 시간이었는가? 세네카는 돈보다 시간에 인색하라고 말했다. 돈은 다시 벌 수 있다. 시간은 못 번다.

부자의 설교, 다시

....

다시 처음으로. 양복 맞춤에 고가 시계를 찬 남자가 연단에서 말한다. "돈에 집착하지 마십시오." 당신은 여전히 불쾌한가? 세네카라면 이렇게 묻는다. 그 남자가 내일 모든 것을 잃어도 같은 말을 할 수 있는가? 잃고도 무너지지 않을 수 있는가? 만약 그렇다면, 그 말은 위선이 아니다. 경험이다. 가진 사람만이 "가져도 괜찮다, 하지만 잃어도 괜찮다"고 말할 수 있다. 에피쿠로스는 밖에서 안을 봤다. 적게 가지면 자유롭다. 세네카는 안에서 밖을 봤다. 많이 가져도 자유로울 수 있다. 단, 조건이 있다. 잃을 준비가 되어 있어야 한다. 당신은 지금 가진 것을 잃을 준비가 되어 있는가?

> "현자는 부를 노예처럼 부리고, 어리석은 자는 부를 주인처럼 섬긴다."
>
> —『행복한 삶에 관하여』

 세네카 더 읽기

- 『인생의 짧음에 대하여』 시간과 삶에 대한 가장 날카로운 에세이   난이도 ★★☆☆☆
- 「루킬리우스에게 보내는 편지」 124통의 편지에 담긴 삶의 지혜   난이도 ★★☆☆☆
- 『행복한 삶에 관하여』 부와 행복에 대한 세네카의 자기변호   난이도 ★★★☆☆

소로의
실험

삶에 필요한 것은 생각보다 훨씬 적다

04

Henry David Thoreau

소로는 숲으로 들어갔다. 2년 2개월. 직접 살아보고, 모든 비용을 기록했다. 소로처럼 생각한다는 것은 숲에서 사는 것이 아니다. 내 삶의 진짜 비용을 계산하는 것이다.

방 안의 물건들

....

지금 당신이 있는 방을 둘러보라. 책상, 의자, 침대, 옷장, 책꽂이. 서랍 안에 뭐가 있는가? 옷은 몇 벌인가? 안 쓰는 충전기가 몇 개인가? 언제 샀는지 기억도 안 나는 물건이 몇 개인가? 이제 질문 하나. 이 방에 있는 물건 중에서 지난 한 달간 실제로 사용한 것은 몇 퍼센트 인가? 정직하게 대답해보라. 아마 30%도 안 될 것이다. 옷장을 열어보면 알 수 있다. 자주 입는 옷은 대여섯 벌이다. 나머지는 걸려 있을 뿐이다. "언젠가 입겠지" "버리긴 아까워" "비싸게 샀는데" 쓰지 않는 물건이 공간을 차지하고, 그 공간을 위해 더 큰 방이 필요하고, 더 큰 방을 위해 더 많은 돈이 필요하다. 1845년, 한 남자가 이 고리를 끊기로 했다. 도끼 하나를 빌려서 숲으로 들어갔다.

숲으로 간 회계사

....

헨리 데이비드 소로. 하버드를 나왔다. 교사를 했다. 연필 공장에서 일했다. 측량사를 했다. 어떤 직업도 그를 만족시키지 못했다. 그가 불만이었던 것은 일 자체가 아니었다. 일과 삶의 교환 비율이었다. 소로는 이런 계산을 했다. 교사를 하면 그에 맞는 옷도 사야 하고,

기대에 맞게 행동해야 하고, 결국 돈을 벌기 위해 쓰는 비용이 버는 돈을 잡아먹었다. 장사를 하면 궤도에 오르기까지 몇 년이 걸리고, 그때쯤이면 장사 외에 다른 삶은 없을 것이다.

"5년 넘게 나는 오직 손으로 하는 노동으로만 먹고살았다. 그리고 알게 되었다. 1년에 약 6주만 일하면 생활에 필요한 모든 비용을 충당할 수 있다는 것을."

— 『월든』「경제」장

6주. 1년 52주 중 6주. 나머지 46주는 자유다. 읽고, 쓰고, 걷고, 생각한다. 하지만 소로의 이웃들은 1년 내내 일했다. 왜? 필요한 것을 위해서가 아니었다. 필요하지 않은 것을 위해서였다. 더 큰 집, 더 좋은 가구, 더 많은 옷. 그것을 사기 위해 더 많이 일하고, 더 많이 일하느라 그것을 즐길 시간이 없다. 1845년 3월 말, 소로는 도끼 하나를 빌려 월든 호숫가로 갔다. 직접 나무를 베고, 직접 집을 지었다. 그리고 모든 비용을 기록했다. 한 푼도 빠짐없이.

28달러 12센트 반의 집

....

소로가 지은 집의 비용. 판자, 지붕 널, 석회, 벽돌, 모래, 못, 경첩, 나사, 분필, 운송비. 총 28달러 12센트 반. 1840년대 기준으로도 매우

적은 돈이었다. 당시 케임브리지에서 방 한 칸을 1년간 빌리는 비용이 30달러였다. 집은 3미터 곱하기 4.5미터. 약 4평. 방 하나. 창문 두 개. 벽난로 하나. 가구는 침대, 탁자, 책상, 의자 세 개, 거울 하나(지름 7.6센티미터), 부젓가락, 주전자, 프라이팬. 그것이 전부였다. 의자 세 개에 대해 소로는 이렇게 말했다. "하나는 고독을 위해, 둘은 우정을 위해, 셋은 사교를 위해."

> "나는 2년간의 경험에서 배웠다. 필요한 식량을 얻는 데는 믿기
> 어려울 만큼 적은 수고면 충분하다는 것을."
>
> ─『월든』

소로는 콩밭을 일구고, 옥수수를 키우고, 감자를 심었다. 물고기를 잡았다. 가끔 마을에 가서 일당을 받고 일했다. 그리고 1년치 생활비를 계산했다. 음식비는 8개월간 8달러 74센트. 기름과 생활용품은 2달러 정도. 총 생활비는 연간 약 25달러 내외. 이만큼이면 산다. 이이상은 사치다. 사치는 자유가 아니라 속박이다.

> "어떤 것의 비용은, 그것과 교환하기 위해 요구되는 삶의 양
> 이다."
>
> ─『월든』

물건의 가격은 원이 아니다. 시간이다. 100만 원짜리 가방을 사려면 당신의 시급이 만 원일 때 100시간을 일해야 한다. 100시간. 12일치 노동. 그 가방이 12일의 삶을 바칠 만큼 가치 있는가?

INSIGHT

> 당신이 가장 최근에 산 물건을 떠올려보라. 가격을 당신의 시급으로 나눠보라. 몇 시간의 노동과 교환한 것인가? 그 시간만큼의 가치가 있는가?

조용한 절망

....

소로가 월든으로 간 이유는 자연을 사랑해서가 아니었다. 질문이 있었기 때문이다.

> "대다수의 사람들은 조용한 절망 속에서 살아간다."
>
> —『월든』

조용한 절망^{quiet desperation}. 소로가 본 1840년대 미국의 풍경이다. 사람들은 농장을 사기 위해 대출을 받았다. 대출을 갚기 위해 일했다. 일하느라 농장을 즐기지 못했다. 농장을 넓히기 위해 또 대출을 받았다. 다시 일했다. 죽을 때까지. 아무도 강제하지 않았다. 누구도 불만을 말하지 않았다. 하지만 모두가 똑같은 패턴으로 살았다. 빌리고, 일하고, 갚고, 또 빌린다. 조용히. 절망적으로. 180년이 지났다. 달라진 것이 있는가? 농장 대신 아파트. 대출을 받는다. 갚기 위해 일한다. 일하느라 집에서 보내는 시간이 없다. 더 좋은 아파트로 이사하기 위해 또 대출을 받는다. 다시 일한다. 소로는 이 패턴에서 빠져나오기 위해 숲으로 갔다. 이 패턴은 필연이 아니다. 선택이다. 그리고 다른 선택이 가능하다.

"나는 숲으로 갔다. 의도적으로 살기 위해서였다. 삶의 본질적인 사실들만을 마주하기 위해서였다. 삶이 가르치는 것을 내가 배울 수 있는지 알아보기 위해서였다. 그리고 죽을 때, 내가 살지 않았다는 것을 발견하지 않기 위해서였다."

―『월든』

네 가지면 충분하다

....

소로는 인간에게 필요한 것을 네 가지로 줄였다. 음식, 옷, 잠자리, 연료. 이 네 가지가 있으면 생존할 수 있다. 나머지는 전부 선택이다. 음식. 빵, 감자, 옥수수, 콩. 소로는 이것으로 살았고, 건강에 문제가 없었다. 옷. 몸을 따뜻하게 유지하면 된다. 유행을 따를 필요가 없다. 잠자리. 비와 추위를 막으면 된다. 소로의 집은 4평이었다. 충분했다. 연료. 겨울에 따뜻해지면 된다. 소로는 직접 나무를 해서 벽난로를 때었다.

소로는 물었다. 필요한 건 새 옷인가, 새로운 나인가. 이 네 가지의 비용은 1년에 약 25달러. 소로의 시급으로 환산하면 6주치 노동이다. 나머지 46주는 온전히 자기 것이다. 당신이 1년 내내 일하는 이유는 네 가지 필수품 때문이 아니다. 네 가지 위에 쌓인 수백 가지 때문이다. 그 수백 가지를 하나씩 내려놓으면, 일해야 하는 시간이 줄어든다. 줄어든 만큼이 자유다.

INSIGHT

당신의 월 지출 목록을 보라. 소로의 네 가지(음식, 옷, 잠자리, 연료)에 해당하는 금액은 얼마인가? 나머지는 얼마인가? 나머지를 반으로 줄이면, 일해야 하는 시간이 얼마나 줄어드는가?

방 안의 물건들, 다시

·········

다시 당신의 방으로. 둘러보라. 책상, 의자, 침대, 옷장, 책꽂이. 서랍 안의 물건들. 옷장 안의 옷들. 지난 한 달간 쓰지 않은 것들을. 소로의 방에는 침대, 탁자, 책상, 의자 세 개, 거울 하나, 부젓가락, 주전자, 프라이팬이 있었다. 그것으로 2년 2개월을 살았다. 부족하지 않았다. 물론 소로의 실험을 그대로 복제할 수는 없다. 월든 호숫가의 땅은 친구 에머슨의 소유였다. 땅값을 내지 않았다. 어머니가 빨래를 해줬다. 마을에 자주 가서 식사를 했다. 소로 자신도 인정했다. "나는 아무에게도 내 생활 방식을 따르라고 권하지 않는다." 1840년 대의 미혼 남성이 숲에서 살 수 있었던 것과, 지금 가족을 부양하며 사는 것은 다른 문제다.

하지만 소로의 가치는 숲에서 사는 것에 있지 않다. 계산하는 것에 있다. 소로가 묻는다. 당신에게 필요한 것은 몇 개인가? 모든 것을 버리라는 말이 아니다. 가지고 있는 것 중에서 진짜 필요한 것이 뭔지 아는 것이다. 필요한 것과 원하는 것을 구분하는 것이다. 그 구분이 생기면 숫자가 보인다. 숫자가 보이면 시간이 보인다. 시간이 보이면 자유가 보인다.

> "내가 삶에서 배운 것이 있다면, 이것이다. 사람이 자기가 꿈꾸는 방향으로 자신 있게 나아가고, 상상했던 삶을 살려고 노력하면, 평범한 때에는 기대하지 못했던 성공을 만나게 된다."
>
> —『월든』

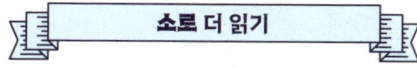

소로 더 읽기

• 『**월든**』 삶에 진짜 필요한 것은 무엇인가? "경제" 장만 읽어도 된다   난이도 ★★☆☆☆

게임 너머

당신에게는 무엇이 남는가

아렌트의 위계

돈은 인간 삶의 최하층에 있다

01

Hannah Arendt

아렌트는 돈을 버는 활동 자체가 인간의 활동 중 어디에 있는가를 묻는다. 인간이 할 수 있는 활동에는 위계가 있고, 먹고사는 것은 가장 아래에 있다. 그런데 현대 사회는 그 가장 아래에 있는 것을 가장 위에 올려놓았다. 아렌트처럼 생각한다는 것은 노동의 가치를 부정하는 것이 아니다. "무슨 일 하세요?"라는 질문이 왜 당신의 존재 전부를 규정하게 되었는지 알아차리는 것이다.

무슨 일 하세요

....

처음 만난 사람과 인사를 나눈다. 이름을 교환한다. 그리고 거의 반
사적으로 이 질문이 나온다. "무슨 일 하세요?" 상대가 대답한다. 의
사. 변호사. 마케터. 개발자. 공무원. 프리랜서. 대학원생. 무직. 그 순
간 당신의 머릿속에서 무엇이 일어나는가? 정직하게 말해보자. 상
대를 분류한다. 연봉을 추정한다. 사회적 위치를 가늠한다. "의사?
괜찮네." "무직? 사정이 있겠지." 우리는 사람을 직업으로 판단한다.
아이가 태어나면 "뭐가 되고 싶니?"라고 묻는다. 대학에 가면 "전공
이 뭐냐, 취업이 되느냐"를 걱정한다. 은퇴하면 "이제 뭘 하시나요?"
라고 묻는다. 직업이 없으면 존재가 흔들린다. 한나 아렌트는 이 현
상을 정면으로 문제 삼았다. 돈을 버는 활동이 인간 활동의 전부가
된 사회는 무언가 근본적으로 전도된 사회라고.

세 가지 활동

....

1958년, 아렌트는 『인간의 조건』을 출간한다. 이 책에서 그녀는
인간의 활동을 세 가지로 나눈다. 노동labor, 작업work, 행위action. 이 구
분이 아렌트 사상의 뼈대다. 노동labor 먹고사는 데 필요한 모든 활동

이다. 밥을 짓고, 빨래를 하고, 청소를 하고, 출퇴근을 하고, 월급을 받는 것. 이 활동의 특징은 끝이 없다는 것이다. 오늘 밥을 먹어도 내일 또 먹어야 한다. 이번 달 월급을 받아도 다음 달 또 받아야 한다. 반복. 순환. 다람쥐 쳇바퀴. 아렌트는 이것을 가장 낮은 활동으로 본다. 동물도 하기 때문이다. 다람쥐도 도토리를 모은다. 개미도 먹이를 나른다. 먹고사는 것은 생존이지, 인간 고유의 활동이 아니다.

작업work 지속되는 무언가를 만드는 활동이다. 집을 짓고, 책을 쓰고, 다리를 놓고, 법률을 제정하는 것. 노동과 다른 점은 결과물이 남는다는 것이다. 밥은 먹으면 사라진다. 하지만 집은 남는다. 책은 남는다. 다리는 남는다. 아렌트는 이것을 '세계 만들기world-building'라고 부른다. 작업의 결과물이 쌓여서 인간이 사는 세계가 된다. 우리가 자연이 아닌 인간의 세계에서 살 수 있는 것은 누군가가 집을 짓고 도로를 깔고 제도를 만들었기 때문이다.

행위action 아렌트가 가장 높은 활동으로 본 것이다. 행위는 사람들 사이에서 일어난다. 말하고, 토론하고, 설득하고, 결정하는 것. 정치가 대표적이다. 하지만 정치인만의 것이 아니다. 누군가와 대화를 나누면서 "나는 이런 사람이다"를 드러내는 모든 순간이 행위다. 행위가 가장 높은 이유. 노동은 동물도 한다. 작업은 도구를 쓰는 동물도 한다. 하지만 행위는 인간만 한다. 새로운 것을 시작하고, 예측 불가능한 결과를 만들어내고, 다른 사람과 함께 세상을 바꾸는 것. 이것이 인간을 인간답게 만든다. 정리하면 이렇다.

- 노동 : 먹고사는 것. 반복. 소비. 흔적이 남지 않는다. (가장 낮음)
- 작업 : 만드는 것. 지속되는 결과물. 세계를 구축한다. (중간)
- 행위 : 사람들 사이에서 새로운 것을 시작하는 것. 세상을 바꾼다. (가장 높음)

뒤집어진 세계

·········

아렌트의 진단. 현대 사회는 이 위계를 완전히 뒤집었다. 고대 그리스에서 노동은 노예의 몫이었다. 노예가 멸시받은 이유는 노예이기 때문이 아니라 노동을 하기 때문이었다. 먹고사는 일에 매여 있으면 자유로운 시민이 될 수 없다. 자유로운 시민은 노동에서 벗어나 행위에 참여한다. 광장에서 토론하고, 전쟁에서 싸우고, 축제에서 연설한다. 그것이 인간다운 삶이었다. 현대는 정반대다. 모든 사람이 노동자job-holder가 되었다. 대통령부터 알바생까지, 모두가 "일하는 사람"으로 정의된다. "무슨 일 하세요?"가 존재를 규정하는 첫 번째 질문이 된 것이다. 아렌트는 이것을 '동물적 노동자animal laborans의 승리'라고 불렀다. 인간 활동의 위계에서 가장 낮은 것이 가장 높은 자리를 차지한 것이다.

왜 모든 것이 수단이 되었는가

·········

노동의 논리가 모든 것을 지배하면, 모든 것이 수단이 된다. 교육은 취업의 수단이다. 인간관계는 네트워킹의 수단이다. 취미는 스트레스 해소의 수단이다. 여행은 재충전의 수단이다. 결국 모든 것이 "다시 일하기 위한" 수단이 된다. 일요일에 쉬는 이유는? 월요일에 일하기 위해서. 운동하는 이유는? 건강해야 일할 수 있으니까. 여행을 가는 이유는? 돌아와서 다시 일할 힘을 얻기 위해서. 모든 것이 노동을 위한 것이 될 때, 노동 이외의 삶은 사라진다.

한국에서 이것은 더 극단적으로 작동한다

....

"퇴사하고 뭐 하세요?" 이 질문이 자연스러운 사회다. 퇴사한 사람에게 제일 먼저 묻는 게 "다음 직장"이다. "쉬고 있어요"라고 대답하면 분위기가 묘해진다. "얼마나 쉴 건데?" "저축은 했어?" "다음 계획은?" 쉬는 것 자체가 허용되지 않는다. 쉬는 것도 "다음을 위한 준비"여야 정당화된다. 은퇴한 사람의 우울을 보라. 한국에서 은퇴 후 우울증 비율이 높은 이유는 돈 때문만이 아니다. 직업이 사라지면 존재가 사라진다. "나는 삼성 다녔다" "나는 교사였다." 과거형이 된 순간, 현재의 자기 자신을 설명할 언어가 없어진다. 40년간 노동으로만 자신을 정의했기 때문이다.

명함 문화를 보라. 처음 만나면 명함을 교환한다. 명함에는 회사, 직급, 부서가 적혀 있다. 당신의 이름은 가장 작은 글씨다. 명함이 없으면? 당신은 누구인가?

N잡러의 역설

....

최근 한국에서 "N잡러"가 유행이다. 하나의 직업이 아니라 여러 개의 일을 한다. 거기에 블로그, 스마트스토어, 퇴근 후 배달. 이유는 단순하다. 하나로는 부족하니까. 그런데 이것을 "자유"라고 포장하는 목소리가 있다. "한 곳에 묶이지 않는 삶." "여러 수입원으로 리스크를 분산하는 삶." 아렌트의 눈으로 보면 정반대다. N잡러는 노동을 하나 더 추가한 것이다. 자유가 아니라 노동의 확장이다. 하나의 쳇바퀴가 아니라 세 개의 쳇바퀴를 동시에 돌리는 것이다. 월급이 부족하니까 부업을 한다. 부업이 불안하니까 또 다른 수입원을 만든다. 시간은 더 없어지고, 노동은 더 늘어난다. "자유"라고 부르지만 실상은 노동에 더 깊이 빠진 것이다.

진짜 자유는 노동의 수를 늘리는 게 아니다. 노동이 아닌 활동을 하는 것이다. 그런데 N잡러에게 노동 아닌 시간이 있는가? 없다. 취미도 수단이 된다. 블로그는 수익화하고, 퇴근 후에는 배달을 뛰고, 주말에는 스마트스토어 포장을 한다. 모든 것이 노동으로 전환된다. 노동 바깥이 사라진다.

"커리어"라는 종교

....

아렌트는 노동이 인간의 유일한 활동이 된 사회를 경고했다. 현대 사회는 한 발 더 나아갔다. 노동에 의미를 부여하기 시작한 것이다.

> "좋아하는 일을 하라."
>
> "일에서 의미를 찾아라."
>
> "당신의 열정을 직업으로 만들어라."

그럴듯하게 들린다. 하지만 아렌트의 눈으로 보면 가장 교묘한 함정이다. 노동이 그냥 먹고사는 수단이면, 노동 바깥에 삶이 있다. "나는 생계를 위해 회계 일을 하지만, 진짜 나는 주말에 그림을 그리는 사람이야." 이렇게 말할 수 있다. 노동과 삶 사이에 거리가 있다. 그런데 "일에서 의미를 찾아라"라고 하면? 거리가 사라진다. 일이 곧 나다. 일이 의미이고, 정체성이고, 존재 이유다. 이 순간 노동은 비판할 수 없는 것이 된다. 불만을 말하면 "열정이 부족한 것"이 된다. 야근을 거부하면 "프로페셔널하지 않은 것"이 된다. 임금이 낮아도 "좋아하는 일을 하고 있으니까"가 면죄부가 된다. 노동에 성스러움이 부여된다. 먹고사는 것이 최고의 가치가 된다.

> "우리가 무엇을 하든, 그것은 '먹고사는 것'을 위한 것이어야 한다. 이것이 사회의 판결이다. (…) 모든 진지한 활동은 그 결실과 상관없이 노동이라 불리게 되었다."
>
> — 『인간의 조건』

소비하는 동물

....

노동의 다른 이름은 소비다. 노동의 결과물은 남지 않는다. 밥을 지으면 먹고, 옷을 사면 입고, 돈을 벌면 쓴다. 사라진다. 그리고 다시 노동해야 한다. 당신의 지난달을 떠올려보라. 무엇이 남았는가? 월 급은 들어왔다가 빠져나갔다. 밥은 먹었지만 기억나지 않는다. 출퇴 근을 반복했지만 어제와 그제의 차이를 모르겠다. 한 달을 살았지만 흔적은 없다. 이 순환 안에서 인간은 무엇인가? 아렌트의 답. 소비하 는 동물이다. 작업이 만든 것도 노동의 논리에 흡수된다. 건물은 수 백 년을 버티도록 지어졌다. 지금은 30년이면 철거하고 새로 짓는 다. 지속되는 것이 사라진다.

INSIGHT

당신의 지난 한 주를 돌아보라. 노동(먹고사는 데 필요한 활동)에 쓴 시간은 몇 시간인 가? 작업(지속되는 무언가를 만드는 일)에 쓴 시간은? 행위(사람들과 함께 새로운 것을 시 작하는 일)에 쓴 시간은? 대부분의 사람은 거의 전부가 노동이다.

정치의 소멸

....

더 심각한 것은 행위의 소멸이다. 아렌트에게 정치는 권력 다툼 이 아니다. 함께 모여 말하고, 듣고, 결정하는 것이다. 하지만 현대 사회에서 정치는 경제 관리가 되었다. 어떤 정당이 집권하든 핵심 공약은 같다. 경제 성장, 일자리 창출, 물가 안정. 투표도 소비의 형태가 되었다. "이 후보가 내 지갑에 이득인가?" 시민은 없다. 소비자만 있다. 인간이 할 수 있는 가장 높은 활동이 가장 낮은 활동의 하위 범주가 된 것이다.

아렌트는 누구인가

....

한나 아렌트는 1906년 독일에서 태어난 유대인이다. 하이데거에게 철학을 배웠다. 나치가 집권하자 프랑스로 도망쳤고, 프랑스가 함락되자 미국으로 건너갔다. 무국적 난민이었다. 국적도, 직업도, 사회적 지위도 없었다. 이 경험이 그녀의 사상을 만들었다. 국적을 잃으면 어떻게 되는가? 직업을 잃으면? 사회적 지위를 잃으면? 남는 것은 무엇인가? 아렌트의 답. 행위할 수 있는 능력. 말하고, 시작하고, 다른 사람과 함께 세상을 바꿀 수 있는 능력. 그것만은 빼앗길 수 없다. 1958년 『인간의 조건』을 출간했다. 인간을 인간답게 만드는 것은 무엇인가? 이 책이 던진 질문이다. 답은 명확하다. 먹고사는 것이 아니다. 만드는 것이 아니다. 함께 행위하는 것이다.

FIRE 운동이라는 아이러니

....

"경제적 자유를 달성해서 조기 은퇴하겠다"는 FIRE^{Financial} Independent, Retire Early 운동이 있다. 핵심은 단순하다. 극도로 절약하고, 극도로 투자해서, 40대나 50대에 노동에서 벗어나겠다는 것이다. 아렌트의 눈으로 보면, 이것은 흥미로운 시도다. 노동의 쳇바퀴에서 벗어나겠다는 의지니까. 그런데 현실은 묘하다. FIRE를 달성한 사람들이 뭘 하는가? 블로그를 쓴다. 유튜브를 한다. 재테크 강의를 한다. 투자 포트폴리오를 관리한다. "경제적 자유를 이루는 법"을 가르치는 콘텐츠를 만든다.

노동에서 벗어났는데, 다시 노동을 한다. 왜? 첫째, FIRE는 생각보다 불안하다. 인플레이션이 있고, 의료비가 있고, 예상치 못한 지출이 있다. 완전한 경제적 자유는 생각보다 많은 돈이 필요하다. 둘째, 노동 외에 무엇을 해야 할지 모른다. 20년간 노동만 한 사람은 노동을 빼면 텅 빈다. 작업을 하는 방법도, 행위를 하는 방법도 배운 적이 없다. 그래서 다시 노동으로 돌아간다. 형태만 바뀐다. 노동에서 벗어나는 것조차 노동의 언어로만 상상할 수 있다. "경제적 자유"라는 말 자체가 돈의 언어다.

비판과 한계

....

아렌트에 대한 비판은 분명하다. 첫째. 노동을 "가장 낮은 활동"으로 본 것은 노동하는 사람들을 격하하는 것 아닌가? 배달 노동자, 청소 노동자, 돌봄 노동자. 이들의 노동이 없으면 사회가 돌아가지 않는다. 아렌트의 답은 이럴 것이다. 노동이 낮다는 것은 노동하는 사람이 낮다는 뜻이 아니다. 사회가 노동만을 강요하고 그 너머의 삶을 허용하지 않는 것이 문제다.

둘째. 현실적 대안의 부재. 아렌트는 진단은 탁월하지만 처방은 약하다. "노동을 넘어서라"고 말하지만, 월세가 밀리는 사람에게 그 말은 사치다. 노동을 줄이려면 돈이 필요하고, 돈을 벌려면 노동을 해야 한다. 이것은 아렌트의 한계다. 하지만 동시에 이 책이 여기까지 걸어온 길이기도 하다. 돈의 정체를 벗겼고, 게임의 규칙을 보여 줬고, 판 안의 판을 읽었고, 얼마면 충분한지를 물었다. 이제 남은 질문은 하나다. 게임 너머에 무엇이 있는가? 아렌트는 그 "너머"가 존재한다는 것을 보여준다.

무슨 일 하세요, 다시

....

다시 처음으로. 처음 만난 사람이 묻는다. "무슨 일 하세요?" 당신은 직업을 대답한다. 상대는 당신을 분류한다. 당신도 상대를 분류

한다. 연봉, 지위, 안정성. 아렌트라면 다른 질문을 했을 것이다. "당신은 무엇을 만들고 있습니까? 당신은 누구와 무엇을 시작하고 있습니까?" 노동은 필요하다. 먹고살아야 한다. 하지만 먹고사는 것이 삶의 전부가 되는 순간, 당신은 소비하는 동물이 된다. 당신의 삶에서 노동이 아닌 것은 무엇인가? 먹고사는 것을 빼고 남는 것은 무엇인가? 그것이 당신이다.

아렌트 더 읽기

• 『**인간의 조건**』 노동, 작업, 행위의 구분   난이도 ★★★★☆

파스칼의 방

멈추면 공허가 시작된다

02

Blaise Pascal

왜 멈추지 못하는가? 왜 끊임없이 무언가를 하고, 사고, 보고, 듣고 있는가? 파스칼처럼 생각한다는 것은 바쁜 삶의 이면을 보는 것이다. 멈추지 못하는 이유가 무언가를 향해 달리기 때문이 아니라, 무언가로부터 도망치기 때문이라는 것을.

30초

·········

엘리베이터에 탄다. 1층에서 12층까지. 약 30초. 당신의 손은 어디에 있는가? 주머니 안이다. 스마트폰을 쥐고 있다. 혹은 이미 꺼내서 보고 있다. 인스타그램. 카톡. 뉴스. 아무거나. 내용은 중요하지 않다. 중요한 것은 30초의 공백을 견디지 못했다는 것이다. 신호등 앞에 선다. 빨간불. 약 40초. 스마트폰을 꺼낸다. 화장실에 앉는다. 스마트폰을 꺼낸다. 잠들기 전 침대에 눕는다. 스마트폰을 꺼낸다. 하루에 스마트폰을 확인하는 횟수. 연구마다 다르지만, 적게는 96회에서 많게는 300회 이상이라는 조사도 있다. 깨어 있는 시간이 약 16시간이니까, 몇 분에 한 번꼴이다. 왜? 급한 연락이 올까 봐? 아니다. 대부분은 확인할 것이 없다. 확인할 것이 없다는 것을 알면서도 꺼낸다. 습관이라고 말할 수도 있다. 하지만 습관이라는 말로는 설명이 안 되는 것이 있다.

스마트폰을 서랍에 넣고 방 안에 혼자 앉아보라. 아무것도 하지 마라. 음악도 끄고, 책도 덮고, 그냥 앉아 있어라. 5분만. 어떤가? 1분이 지나면 불안해진다. 2분이 지나면 뭔가 하고 싶어진다. 3분이면 견디기 어렵다. 무슨 생각이 떠오르는가? 해야 할 일. 하지 못한 일. 어제 실수. 내일 걱정. 지난 대화에서 내가 한 말. 통장 잔고. 노후. 죽음. 그래서 스마트폰을 꺼내는 것이다. 그 생각들을 멈추기 위해서. 400년 전, 블레즈 파스칼이 이것을 정확히 짚었다.

> "나는 자주 말해왔다. 인간의 모든 불행은 단 하나의 사실에서 온다. 방 안에 조용히 머물 줄 모른다는 것."
>
> — 『팡세』

기분전환이라는 도주

·········

파스칼은 이 현상을 '기분전환divertissement'이라고 불렀다. 프랑스어 divertissement의 어원은 라틴어 divertere다. '돌아서다'라는 뜻이다. 기분전환은 무언가를 '향해' 가는 것이 아니다. 무언가로부터 '돌아서는' 것이다. 무엇으로부터? 자기 자신으로부터.

> "사람들에게는 비밀스러운 본능이 있다. 바깥에서 기분전환과 일거리를 찾게 만드는 본능이다. 이것은 끊임없는 불행의 감각에서 비롯된다. 또한 사람들에게는 또 다른 비밀스러운 본능이 있다. 행복은 움직임이 아니라 쉼에 있다는 것을 아는 본능이다. 이 두 가지 상반된 본능이 결합하여 혼란스러운 충동을 만든다. 사람들은 흥분 속에서 쉼을 찾으려 한다."
>
> — 『팡세』

당신은 안다. 쉬어야 한다는 것을. 멈춰야 한다는 것을. 하지만 멈추면 불안하다. 그래서 움직인다. 넷플릭스를 켠다. 유튜브를 연다. 쇼핑몰을 뒤진다. SNS를 스크롤한다. 움직이면서 쉬고 있다고 착각한다. 실제로는 도주하고 있다. 파스칼은 17세기에 이것을 말했다. 그때는 스마트폰도, 넷플릭스도, 인스타그램도 없었다. 하지만 사냥, 도박, 전쟁, 궁정의 잡담이 있었다. 도구가 달라졌을 뿐 구조는 같다.

왕도 멈추지 못한다

·········

파스칼은 왕의 예를 든다. 모든 것을 가진 사람. 권력, 부, 명예, 쾌락. 원하는 것은 무엇이든 가질 수 있다. 그런데 이 사람이 행복한가? 왕에게 기분전환을 빼앗아보라. 시종을 치우고, 연회를 취소하고, 사냥을 금지하라. 왕 혼자 방 안에 앉아 있게 하라. 그러면 왕은 비참해진다. 자기 자신을 생각하기 시작한다. 죽음, 질병, 반란, 배신. 이 생각들이 밀려온다.

> "기분전환이 없다면 왕은 비참해진다. 사람들은 그래서 끊임없이 기분전환을 찾는다. 왕에게는 수많은 사람들이 기분전환을 제공하기 위해 존재한다."
>
> — 『팡세』

왕도 멈추지 못한다. 모든 것을 가진 사람도 멈추지 못한다. 기분 전환의 원인은 '부족함'이 아니다. 더 가져도 해결되지 않는다. 연봉이 올라도, 승진해도, 집을 사도 — 멈추면 똑같다. 방 안에 혼자 앉으면 똑같은 불안이 찾아온다. 충분한 것을 가졌는데도 왜 멈추지 못하는가? 문제는 밖에 있지 않다. 안에 있다.

토끼가 아니라 사냥

....

파스칼의 가장 날카로운 관찰 중 하나. 사냥을 좋아하는 남자가 있다. 매주 말을 타고 들판을 달리며 토끼를 쫓는다. 잡으면 기뻐한다. 그런데 그에게 토끼를 그냥 주면 어떻게 될까? 시장에서 사다 주면? 그는 거절한다. 토끼가 필요한 게 아니다. 사냥이 필요한 것이다. 토끼를 쫓는 행위 자체가 필요한 것이다.

> "토끼 자체는 죽음과 비참함의 시야를 가려주지 못한다. 하지만
> 토끼를 쫓는 행위는 가려준다."
>
> — 『팡세』

이것을 현대로 가져와보자. 쇼핑. 원하는 것은 물건이 아니다. 사는 행위다. 비교하고, 고르고, 결제하는 과정이 기분전환이다. 물건이 도착하면? 포장을 뜯는 순간 잠깐 기쁘다. 그리고 다음 것을 찾기

시작한다. 주식 투자. 수익이 목적이라면 인덱스 펀드에 넣어놓으면 된다. 하지만 많은 사람이 매일 차트를 본다. 사고팔기를 반복한다. 수익이 목적이 아니다. 차트를 보는 행위, 판단하는 행위, 결과를 확인하는 행위가 기분전환이다. 일. 많은 사람이 바쁜 것을 자랑한다. "요즘 너무 바빠." 이 말에는 묘한 자부심이 있다. 바쁘다는 것은 중요한 사람이라는 뜻이니까. 하지만 파스칼이라면 묻는다. 바쁜 게 좋은 건가, 아니면 안 바쁘면 견딜 수 없는 건가?

퇴근 후를 생각해보라. 집에 온다. 소파에 앉는다. 그리고 즉시 무언가를 한다. TV를 켜거나, 스마트폰을 보거나, 유튜브를 틀거나. 아무것도 하지 않으면 생각이 시작되니까. 해야 할 일, 하지 못한 일, 관계의 불안, 미래의 불확실성. 그 생각들이 무섭다. 그래서 화면을 켠다. 결국 같은 구조다. 돈을 벌든, 쓰든, 불리든 — 멈추지 않는 것이 목적이다.

> **INSIGHT**
>
> 오늘 당신이 한 '기분전환' 목록을 만들어보라. 그중에 정말 원해서 한 것은 몇 개인가? 안 했으면 무슨 생각이 떠올랐을 것 같은가?

인간의 조건

....

파스칼은 왜 이렇게까지 파고드는가? 우리는 유한하다. 태어났고, 죽을 것이다. 우주는 무한히 크고, 우리는 무한히 작다. 이 사실을 직시하면 견딜 수 없다. 그래서 기분전환을 찾는다.

> "인간에게 가장 견딜 수 없는 것은 완전한 휴식이다. 열정도 없고, 할 일도 없고, 기분전환도 없고, 몰두할 것도 없는 상태. 그때 인간은 자신의 무력함, 공허함, 의존, 나약함을 느낀다. 그리고 곧 마음 깊은 곳에서 권태, 우울, 슬픔, 절망이 올라온다."
>
> ─『팡세』

불안정. 내일 무슨 일이 일어날지 모른다. 사고, 질병, 해고, 이별. 지루함. 아무 일도 일어나지 않으면 견딜 수 없다. 그리고 이 둘이 합쳐진 불안. 무슨 일이 일어날지 모르면서, 아무 일도 일어나지 않는 것을 견딜 수 없다. 기분전환은 이 세 가지를 동시에 해결해주는 것처럼 보인다. 돈을 벌면 불안정을 잊는다. 소비하면 지루하지 않다. 숫자를 불리면 불안을 느끼지 못한다. 하지만 해결한 것이 아니다. 가린 것이다.

> "기분전환은 우리의 비참함을 위로해준다. 하지만 그것이야말로 가장 큰 비참함이다. 기분전환이 우리가 자신을 돌아보는 것을 막기 때문이다. 기분전환이 없다면 우리는 지루할 것이고, 그 지루함이 더 확실한 탈출구를 찾게 만들었을 것이다. 하지만 기

분전환은 우리를 즐겁게 해주고, 우리가 모르는 사이에 죽음으로 데려간다."

—『팡세』

기분전환이 없었다면 우리는 멈춰서 생각했을 것이다. 하지만 기분전환이 그걸 막는다. 문제는 시간 낭비가 아니다. 직시해야 할 것을 직시하지 못하게 만드는 것이다

파스칼은 누구인가

....

블레즈 파스칼. 1623년 프랑스에서 태어났다. 12세에 유클리드 기하학의 정리를 독자적으로 증명했다. 16세에 원추곡선 논문을 발표했다. 19세에 세계 최초의 기계식 계산기를 만들었다. 수학, 물리학, 확률론. 천재 중의 천재였다. 31세에 모든 것이 바뀐다. 1654년 11월 23일 밤, 약 두 시간 동안 강렬한 종교 체험을 한다. 그는 그 경험을 양피지에 기록해서 외투 안감에 꿰매 넣고, 죽을 때까지 지니고 다녔다. 이후 과학을 거의 접고 기독교 변증서를 쓰기 시작한다. 그 미완성 원고가 『팡세』다. 39세에 사망한 뒤 출간되었다. 『팡세』는 종교 서적이다. 하지만 그 안에 담긴 인간 관찰은 종교를 넘어선다. 기분전환, 인간의 비참함, 불확실성 속에서 어떻게 살 것인가.

비판과 한계

....

파스칼에 대한 비판도 분명하다. 인간의 모든 활동을 '도주'로 환원하는 것은 과도하다. 운동을 즐기는 사람, 요리를 사랑하는 사람, 음악에 몰두하는 사람. 이들이 전부 자기 자신으로부터 도망치고 있는 것인가? 기쁨과 몰입은 도주가 아니다. 파스칼도 이것을 알았다. 모든 기분전환이 나쁜 것이 아니다. 문제는 기분전환 없이는 존재할 수 없는 상태다. 즐거워서 달리는 것과 멈추면 무서워서 달리는 것은 다르다. 그리고 파스칼의 해법은 기독교 신앙이다. 인간의 비참함은 신 없이는 해결할 수 없다는 것이 그의 결론이다. 종교에 관심이 없는 사람에게 이 해법은 닿지 않는다. 하지만 파스칼의 가치는 해법이 아니라 진단에 있다. 왜 멈추지 못하는가? 왜 30초의 공백도 견디지 못하는가? 이 질문은 종교와 무관하게 유효하다.

방 안에 앉아보라

....

다시 처음으로. 엘리베이터. 1층에서 12층. 30초. 스마트폰을 꺼내지 마라. 그냥 서 있어보라. 무슨 생각이 떠오르는가? 해야 할 일. 하지 못한 일. 어제 실수. 내일 걱정. 그리고 그 너머에, 이렇게 사는 게 맞는가라는 질문. 그것이 당신이다. 기분전환 뒤에 숨겨진 당신이다. 기분전환은 나쁘지 않다. 하지만 멈출 수 없다면, 당신은 자유

롭지 않다. 돈을 벌든, 쓰든, 불리든, 멈출 수 없다면 그것은 자유가
아니다.

파스칼 더 읽기

• 『팡세』 인간 관찰의 결정체   난이도 ★★★☆☆

톨스토이의
땅

죽기 전에 필요한 것은 여섯 피트뿐이다

03

Leo
Tolstoy

파스칼은 왜 멈추지 못하는가를 물었다. 톨스토이는 그 질문의 끝을 보여
준다. 멈추지 못한 사람이 어떻게 죽는지를. 그리고 죽기 직전에 무엇을 깨
닫는지를. 톨스토이처럼 생각한다는 것은 죽음의 자리에서 삶을 돌아보는
것이다. 지금, 살아 있는 동안.

달리는 남자

....

한 남자가 달리고 있다. 아침 해가 떴을 때 출발했다. 초원이 끝없이 펼쳐져 있다. 규칙은 간단하다. 해가 지기 전에 출발한 지점으로 돌아오면 그 안에 들어가는 모든 땅이 당신 것이다. 대가는 1,000루블. 얼마를 걸어도, 달려도, 해가 지기 전에만 돌아오면 된다. 남자의 이름은 파홈. 러시아의 농부다. 좋은 제안이라고 생각했다. 아니, 믿을 수 없을 만큼 좋은 제안이라고 생각했다. 넓게 돌면 될수록 더 많은 땅을 얻는다. 한 바퀴만 크게 돌면 된다. 아침에는 여유가 있었다. 걸었다. 경치를 즐겼다. 저기 저 언덕 너머까지 포함시키면 좋겠다고 생각했다. 방향을 틀었다. 저쪽 개울가도 좋은 땅이다. 조금 더 가자. 저기 숲 근처도. 조금만 더. 조금만 더.

정오가 지났을 때 파홈은 깨달았다. 너무 멀리 왔다. 출발점이 아득히 멀다. 해가 기울기 시작했다. 이제 돌아가야 한다. 하지만 돌아가는 거리가 온 거리만큼이다. 걸어서는 안 된다. 뛰어야 한다. 파홈은 달리기 시작했다. 외투를 벗었다. 부츠가 무거웠다. 벗고 싶었지만 벗을 시간이 없었다. 심장이 터질 것 같았다. 다리가 풀렸다. 입안이 말랐다. 폐가 불탔다. 하지만 멈출 수 없었다. 해가 지고 있었다. 해가 지면 땅을 잃는다. 여기까지 달려온 것이 전부 헛수고가 된다.

"여기까지 왔는데 멈추면 바보가 된다." 파홈은 그렇게 생각했다. 해가 지평선에 닿았다. 크고 붉었다. 피처럼 붉었다. 출발점이 보였다. 언덕 위에 사람들이 서서 손을 흔들고 있었다. 소리치고 있었다. "빨리! 빨리!" 파홈은 마지막 힘을 짜냈다. 달렸다. 해가 반쯤 가라앉았다. 출발점에 거의 다 왔다. 해가 사라지기 직전, 파홈은 출발점에 도착했다. 그리고 쓰러졌다. 입에서 피가 흘렀다. 파홈은 죽었다. 하인이 삽으로 무덤을 팠다. 머리부터 발끝까지 6피트. 약 1.8미터. 그것이 파홈에게 필요한 땅의 전부였다.

사람에게는 얼마만큼의 땅이 필요한가

....

이것은 레프 톨스토이의 단편소설 「사람에게는 얼마만큼의 땅이 필요한가」의 줄거리다. 제임스 조이스가 "세계 문학에서 가장 위대한 이야기"라고 불렀다. 파홈은 원래 가난한 농부였다. 땅이 조금만 더 있으면 좋겠다고 생각했다. "땅만 충분히 있으면 악마도 두렵지 않다." 그때 악마가 그 말을 듣는다. 이후 파홈에게 기회가 찾아온다. 30에이커를 산다. 기뻤다. 잠시. 더 넓은 땅이 필요해진다. 더 먼 곳에 싼 땅이 있다는 소문을 듣는다. 떠난다. 산다. 또 부족하다. 또 떠난다. 파홈은 가족을 뒤에 두고 점점 더 먼 곳으로 간다. 마지막 목적지인 바시키르인의 땅에서, 하루에 걸어서 도는 만큼의 땅을 주겠다는 제안을 받는다.

그리고 달리다 죽는다. 톨스토이는 이 이야기의 마지막 줄에서 제목에 답한다. 사람에게 필요한 땅은 머리부터 발끝까지 6피트. 무덤 하나. 이 이야기가 단순한 교훈극처럼 들리는가? "욕심 부리지 마라." 그것이 전부인가? 아니다. 가장 섬뜩한 대목은 파홈이 죽는 장면이 아니다. 달리면서 한 생각이다. "여기까지 왔는데 멈추면 바보가 된다." 당신도 이 문장을 말한 적이 있지 않은가? "여기까지 했는데 그만두면 아깝잖아." 학교를 다니면서. 직장을 다니면서. 사업을 하면서. 관계를 유지하면서. 파홈은 욕심이 아니라 매몰 비용에 죽은 것이다. 이미 투자한 것이 아까워서 멈추지 못한 것이다. 멈추면 지금까지의 달리기가 무의미해진다. 그래서 죽을 때까지 달린다.

가장 평범하고, 가장 평범하므로, 가장 끔찍한
·········

톨스토이는 같은 해에 또 하나의 작품을 발표한다. 『이반 일리치의 죽음』파홈은 깨닫지 못하고 죽었다. 이반 일리치는 죽어가면서 자기 삶 전체가 가짜였을 수 있다는 것을 깨닫는다. 이반 일리치 골로빈. 법원의 고위 판사. 좋은 집안 출신. 좋은 교육. 좋은 직장. 좋은 승진. 좋은 결혼. 좋은 아파트. 좋은 가구. 좋은 커튼. 톨스토이는 이반 일리치의 인생을 이 한 문장으로 요약한다. "이반 일리치의 삶은 가장 단순하고 가장 평범했으며, 따라서 가장 끔찍했다."

이 문장이 왜 무서운가? 이반 일리치는 나쁜 사람이 아니다. 누구를 속이지 않았다. 법을 지켰다. 세금을 냈다. 가정을 유지했다. 사회가 요구하는 것을 전부 했다. 그런데 그 삶이 "가장 끔찍했다." 이반 일리치의 삶에는 '자기 자신'이 없었다. 사회가 좋다고 하는 학교를 나왔다. 사회가 좋다고 하는 여자와 결혼했다. 사회가 좋다고 하는 집에 살았다. 좋은 동네, 좋은 가구, 좋은 커튼. 결혼을 한 이유? "사랑해서라고도, 사랑하지 않아서라고도 말할 수 없었다." 집을 꾸민 이유? 체면. 승진을 원한 이유? 지위. 모든 선택이 사회의 기준에 의한 것이었다. 45세. 새 아파트의 커튼을 달다가 사다리에서 떨어진다. 별것 아닌 것 같았다. 하지만 통증이 시작된다. 점점 심해진다. 의사를 만난다. 또 만난다. 통증이 더 심해진다. 일을 할 수 없게 된다. 침대에 눕게 된다. 이반 일리치는 죽어가기 시작한다.

카이우스는 인간이다

....

죽어가면서 이반 일리치는 유명한 삼단논법을 떠올린다. "카이우스는 인간이다. 인간은 죽는다. 따라서 카이우스는 죽는다." 논리적으로 완벽하다. 하지만 이반 일리치는 생각한다. 카이우스는 죽는다. 맞다. 하지만 나는 카이우스가 아니다. 카이우스는 추상적인 인간이다. 나는 냄새를 맡고, 소리를 듣고, 기쁨을 느끼는 구체적인 존재다. 카이우스의 죽음과 나의 죽음은 같을 수 없다.

하지만 같다. 이반 일리치도 죽는다. 모든 사람이 이반 일리치와 같은 착각을 하고 있다. "사람은 죽는다"는 안다. 하지만 "내가 죽는다"는 모른다. 안다고 생각하지만 실감하지 못한다. 일하고, 사고, 먹고, 자고, 다시 일하면서 그 사실을 가리고 있기 때문이다. 이반 일리치는 질병이 그것을 강제로 걷어낸다. 더 이상 일할 수 없다. 더 이상 사교할 수 없다. 더 이상 가구를 고르고 커튼을 달 수 없다. 침대에 누워 천장을 바라본다. 전부 사라진 자리에 남는 것. 자기 자신. 그리고 죽음.

"내 삶 전체가 잘못되었던 것은 아닌가?"

....

침대에 누운 이반 일리치는 자기 삶을 돌아본다. 좋은 기억을 찾으려 한다. 어린 시절이 떠오른다. 그때는 좋았다. 하지만 어린 시절 이후로는? 법학교. 나쁘지 않았다. 하지만 좋았는가? 첫 직장. 승진. 결혼. 아이. 새 집. 새 가구. 이상한 것을 발견한다. 시간이 갈수록, 성공이 쌓일수록, 삶은 점점 비어갔다. 어린 시절이 가장 충만했다. 이후로는 점점 더 내용이 없어졌다.

"사회적으로 올라갈수록, 삶은 나에게서 흘러나가고 있었다."

— 『이반 일리치의 죽음』

게임 너머

그리고 가장 끔찍한 질문이 찾아온다. "만약 내 삶 전체가 — 나의 의식적인 삶 전체가 — 진짜가 아니었다면?" 이반 일리치가 평생 눌러온 충동들. 사회적으로 높은 사람들이 좋다고 한 것에 반대하고 싶었던 순간. 다른 것을 하고 싶었던 순간. 하지만 눌렀다. "이건 아니야"라는 느낌을 무시했다.

> "높은 자리에 있는 사람들이 좋다고 한 것에 맞서려 했던 거의 감지할 수 없는 시도들, 즉시 억눌렀던 그 미미한 충동들이 진짜였을지 모른다. 나머지는 전부 가짜였을지 모른다."
>
> —『이반 일리치의 죽음』

45년을 살았다. 잘 살았다고 생각했다. 그런데 죽기 직전에 그 45년이 전부 가짜였을 수 있다는 것을 깨닫는다. 되돌릴 시간은 없다.

하인 게라심

·········

이반 일리치의 침대 곁에 한 사람이 있다. 게라심. 젊은 농부 출신의 하인이다. 아내는 이반 일리치가 죽어가는 것이 짜증스럽다. 남편이 죽으면 연금이 끊기니까. 딸은 무도회에 갈 준비를 한다. 동료들은 이반의 빈자리에 누가 승진할지 계산한다. 친구들은 이반의 죽음보다 저녁 카드놀이 시간에 늦을까 봐 걱정한다. 게라심만이 다르다. 이반 일리치의 다리를 어깨에 올려 편하게 해주고, 밤새 곁에 앉아 있는다. 이반이 미안하다고 하면 게라심은 말한다. "괜찮습니다. 아무것도 아닙니다." 게라심에게는 좋은 가구도 좋은 커튼도 없다. 이반 일리치에게는 전부 있었다. 좋은 학교, 좋은 직장, 좋은 결혼, 좋은 집. 하지만 죽음 앞에서 진짜로 남은 것은 하인의 돌봄뿐이었다. 누가 더 잘 산 것인가?

> **INSIGHT**
>
> 지금 당신이 시한부 선고를 받는다고 상상하라. 3개월. 무엇을 후회하는가? 호스피스 간호사 브로니 웨어는 임종을 앞둔 사람들의 가장 많은 후회를 기록했다. 1위. "다른 사람이 기대하는 삶이 아니라, 나 자신에게 충실한 삶을 살 용기를 가졌더라면."

톨스토이 자신

....

톨스토이가 이 두 작품을 쓴 것은 1886년, 58세 때다. 이 시기의 톨스토이는 『전쟁과 평화』와 『안나 카레니나』를 쓴 세계적 대작가였고 부유했으며 유명했다. 백작 작위가 있었고 넓은 영지를 소유했다. 아내와 13명의 자녀가 있었다. 하지만 톨스토이는 극심한 정신적 위기에 빠져 있었다. 자서전적 에세이 『고백』에서 그는 이렇게 적었다.

"아무리 자주 '삶의 의미를 이해할 수 없으니 생각하지 말고 그

냥 살라'고 말해도, 나는 더 이상 그렇게 할 수 없다. 이미 너무 오

래 그렇게 살아왔다."

—『고백』

톨스토이는 자기 자신이 이반 일리치가 되어가고 있다는 것을 알았다. 사회가 좋다고 하는 것을 모두 가졌다. 명성, 부, 가족. 하지만 그것이 삶의 의미를 주지 못했다. 밤마다 자살 충동에 시달렸다고 고백했다. 밧줄을 숨기고, 총을 치웠다. 파홈의 이야기와 이반 일리치의 이야기는 톨스토이 자신의 이야기였다. 톨스토이는 평생 달려왔고, 멈추고 나서야 자기 삶을 돌아봤고, 그 삶이 가짜였을 수 있다는 공포와 마주했다.

만년의 톨스토이는 극적으로 변했다. 귀족 생활을 거부했다. 농부의 옷을 입었다. 영지의 재산을 포기하려 했다. 채식주의자가 되었다. 러시아 정교회에서 파문당했다. 그리고 1910년, 82세의 톨스토이는 한밤중에 집을 나간다. 아내와 자녀를 두고. 아내에게 편지를 남겼다. "이 세속적 삶을 떠나 마지막 남은 날들을 고독과 조용함 속에서 보내려 한다." 열차를 타고 떠나다가 작은 역에서 폐렴으로 쓰러졌다. 이름 없는 시골 마을의 역장 관사에서 숨을 거두었다. 평생 달려온 사람이 마지막에 멈추고, 모든 것을 내려놓고, 방 안에서 홀로 죽었다.

비판과 한계

....

톨스토이에 대한 비판도 있다. 이반 일리치의 삶이 정말 "가짜"였는가? 사회의 기준에 따라 산 삶이 반드시 무의미한 삶인가? 좋은 학교를 나오고, 안정적 직업을 갖고, 가정을 꾸리는 것. 많은 사람에게 이것은 성취이고 안전이다. 하지만 톨스토이는 귀족이었다. 돈이 충분히 있었기 때문에 돈을 경멸할 수 있었다. 매달 월세를 걱정하는 사람에게 "물질적인 삶은 가짜다"라고 말하기는 쉽지 않다. 톨스토이의 해법도 종교적이다. 이반 일리치는 죽기 직전 빛을 보고, 용서하고, 죽음이 사라진다. 종교가 없는 사람에게 이 결말은 불완전하다.

톨스토이 자신도 모순적이다. 재산을 포기하라고 말하면서 아내와 재산 문제로 평생 싸웠다. 가정의 가치를 설파하면서 한밤중에 가족을 버리고 떠났다. 하지만 톨스토이의 가치는 해법이 아니라 질문에 있다. "내 삶 전체가 진짜가 아니었다면?" 이 질문은 톨스토이 자신도, 이반 일리치도, 당신도 피할 수 없다.

달리는 남자, 다시

....

다시 처음으로. 파훔이 달리고 있다. 해가 지고 있다. 심장이 터질 것 같다. "여기까지 왔는데 멈추면 바보가 된다." 당신도 달리고 있지 않은가? 학교를 다닌다. 취직한다. 승진한다. 결혼한다. 집을 산다. 아이를 낳는다. 더 좋은 학교. 더 좋은 직장. 더 좋은 집. 해가 지고 있다는 것을 안다.하지만 멈추지 못한다. "여기까지 왔는데." 이반 일리치는 멈추고 나서야 물었다. "내 삶이 진짜였는가?" 톨스토이는 살아 있는 동안 이 질문을 하라고 말한다. 파홈처럼 쓰러지기 전에. 이반 일리치처럼 침대에 눕기 전에. 지금 멈춰라. 그리고 물어라.

나는 어디를 향해 달리고 있는가? 그곳에 도착하면 멈출 수 있는가? 파홈에게 필요한 땅은 6피트였다. 이반 일리치에게 필요한 것은 진짜인 삶이었다. 둘 다 너무 늦게 알았다. 당신은 아직 살아 있다.

톨스토이 더 읽기

- 「**사람에게는 얼마만큼의 땅이 필요한가**」 욕심의 끝은 어디인가? 20분이면 읽는다 난이도 ★☆☆☆☆
- 『**이반 일리치의 죽음**』 죽음 앞에서 내 인생은 무엇이었나? 하루면 읽는다 난이도 ★★☆☆☆
- 『**고백**』 모든 것을 가진 톨스토이는 왜 자살을 생각했는가? 난이도 ★★☆☆☆

Milton
Friedman

예수의
질문

너는 무엇을 섬기는가

04

Jesus
Christus

이 이름을 보는 순간 종교를 떠올릴 수 있다. 하지만 이 장에서 다루는 것은 신앙이 아니다. 진단이다. 예수는 돈이 주인이 되는 구조를 짚었다. 예수처럼 생각한다는 것은 당신이 무엇을 섬기고 있는지 정직하게 들여다보는 것이다.

당신의 주인은 누구인가

....

월요일 아침. 알람이 울린다. 눈을 뜬다. 무슨 생각이 드는가? "오늘 할 일." "이번 달 카드값." "다음 달 월세." "대출 이자." "투자 수익률." "아이 학원비." 눈을 뜨자마자 돈에 대한 생각이 시작된다. 출근한다. 돈을 벌기 위해서. 점심을 먹는다. 돈을 쓴다. 퇴근한다. 저녁에 부동산 앱을 켠다. 투자 유튜브를 본다. 잠들기 전 통장 잔고를 확인한다. 깨어 있는 16시간 중에서 돈과 무관한 시간이 얼마나 되는가? 이것은 당신이 돈을 '사용하는' 것인가, 아니면 돈이 당신을 '부리는' 것인가? 2,000년 전, 팔레스타인의 한 목수의 아들이 이 질문을 던졌다.

두 주인

....

나사렛 예수. 산 위에서 군중에게 말한다. 산상수훈(마태복음 5~7장). 그 연설의 한가운데에 이 문장이 있다.

"아무도 두 주인을 섬기지 못한다. 한쪽을 미워하고 다른 쪽을 사랑하거나, 한쪽에 붙고 다른 쪽을 업신여기게 된다. 너희는 하나님과 맘몬을 함께 섬길 수 없다."

맘몬Mammon. 아람어로 '부富', '재산'을 뜻하는 일상어다. 악마의 이름이 아니었다. 하지만 예수는 이 단어를 인격화한다. 맘몬을 '주인master'으로 세운다. 하나님과 대등한 위치에 놓는다. 예수는 돈이 나쁘다고 말하지 않았다. 돈이 '주인'이 된다고 말했다. 도구여야 할 것이 주인이 된다. 당신이 돈을 쓰는 것이 아니라, 돈이 당신을 쓴다. '섬기다'의 원어를 보면 더 분명해진다. 그리스어 douleuein. '노예로서 복종하다'라는 뜻이다. 고용 관계가 아니다. 예속 관계다. 당신과 돈의 관계를 '거래'가 아니라 '예속'으로 본 것이다. 그리고 예수는 중간을 허용하지 않는다. 절반씩 나눠 섬기는 것은 불가능하다. 70%는 하나님, 30%는 돈? 안 된다. 평일에는 돈, 주말에는 신? 안 된다. 왜? 두 주인이 서로 다른 방향을 가리키기 때문이다. 맘몬은 "더 모아라, 더 벌어라, 더 가져라"고 명령한다. 예수가 말하는 다른 주인은 "내려놓아라, 나눠라, 자유로워져라"고 명령한다. 두 명령을 동시에 따르는 것은 불가능하다. 하나를 선택해야 한다.

걱정이라는 사슬

....

예수는 맘몬에 대한 경고 직후에 이어서 말한다. 따로 떼어 읽으면 안 된다.

"그러므로 내가 너희에게 말한다. 목숨을 위하여 무엇을 먹을까 무엇을 마실까, 몸을 위하여 무엇을 입을까 걱정하지 마라. 목숨이 음식보다 중하지 않으며, 몸이 옷보다 중하지 않으냐."

— 마태복음 6:25

이 구절은 흔히 "걱정하지 마라"는 위로로 읽힌다. 달력에 인쇄되고, 액자에 걸린다. 하지만 맘몬에 대한 경고와 연결해서 읽으면 전혀 다른 의미가 보인다. 예수는 걱정의 구조를 말하고 있다. "무엇을 먹을까 무엇을 마실까 무엇을 입을까." 생존에 필요한 것들이다. 가장 기본적인 것들이다. 그런데 예수는 이 가장 기본적인 것에 대한 걱정조차 경계한다. 왜? 걱정이 당신을 맘몬의 노예로 만드는 첫 번째 고리이기 때문이다.

"먹을 것이 없으면 어떡하지?" → "돈을 벌어야 한다" → "더 많이 벌어야 안심이다" → "더 많이 벌려면 더 많이 일해야 한다" → "일이 삶의 전부가 된다"

첫 번째 고리는 합리적이다. 먹어야 산다. 당연하다. 하지만 그 합리적인 첫 고리가 두 번째 고리를 부르고, 세 번째를 부르고, 결국 삶 전체를 사슬로 묶는다. 예수는 이 사슬의 첫 번째 고리를 끊으라고 말한다.

"공중의 새를 보라. 심지도 않고 거두지도 않고 창고에 모아들이

지도 않으되 너희 하늘 아버지께서 기르시나니."

— 마태복음 6:26

종교적으로 읽으면 "하나님을 믿으면 먹여주신다"가 된다. 하지만 구조적으로 읽으면 이렇다. 먹고사는 것에 대한 걱정이 당신의 삶을 지배하게 놔두지 마라. 걱정의 사슬이 당신을 맘몬의 노예로 만드는 것을 허용하지 마라. 새는 저축하지 않는다. 보험에 들지 않는다. 연금을 걱정하지 않는다. 그리고 산다. 예수는 새처럼 살라고 말하는 것이 아니다. 당신의 걱정이 생존인지 복종인지 구분하라고 말하는 것이다.

"너희는 먼저 그의 나라와 그의 의를 구하라. 그리하면 이 모든

것을 너희에게 더하여 주시리라."

— 마태복음 6:33

먹고사는 것보다 상위의 목적을 설정하라. 그러면 먹고사는 것이 삶의 전부가 되는 것을 막을 수 있다. 그 목적이 무엇이냐는 각자의 몫이다. 예수에게는 "하나님의 나라"였다. 하지만 구조는 보편적이다. 먹고사는 것 위에 무언가가 있어야, 먹고사는 것이 전부가 되지 않는다.

INSIGHT

당신에게 '먹고사는 것'보다 상위의 목적이 있는가? 있다면, 그 목적이 당신의 하루에서 차지하는 시간은 몇 퍼센트인가? 어느 쪽이 더 많은가? 더 많은 쪽이 당신의 진짜 주인이다.

부자 청년

....

한 청년이 예수에게 달려와 무릎을 꿇는다. 부유하고, 젊고, 도덕적이다. "선한 선생님, 내가 무슨 선한 일을 해야 영원한 생명을 얻겠습니까?" 예수가 답한다. "계명을 지켜라. 살인하지 마라, 간음하지 마라, 도둑질하지 마라, 거짓 증언하지 마라, 네 부모를 공경하라, 네 이웃을 네 자신같이 사랑하라." 청년이 말한다. "이 모든 것을 어려서부터 다 지켰습니다. 아직 무엇이 부족합니까?" 마가복음은 이 순간에 한 문장을 덧붙인다. "예수께서 그를 바라보시며 사랑하셨다." 사랑한다. 그래서 진실을 말한다.

> "네가 온전하고자 하거든 가서 네 소유를 팔아 가난한 자들에게 주라. 그리하면 하늘에서 보화가 네게 있으리라. 그리고 와서 나를 따르라."
>
> — 마태복음 19:21

게임 너머

청년은 돌아간다. 근심하며. 재산이 많았기 때문이다. 열 가지 계명은 전부 지킬 수 있었다. 하지만 재산을 내려놓으라는 단 하나의 요청 앞에서 돌아섰다. 핵심은 "재산을 버려라"가 아니다. 청년이 버리지 못했다는 것이다. 당신이 무엇을 소유하고 있는 것이 아니라, 무엇이 당신을 소유하고 있는가. 지금 가진 것 중에서 내려놓으라고 하면 내려놓을 수 없는 것은 무엇인가? 그것이 당신의 맘몬이다.

낙타와 바늘귀

....

청년이 떠난 뒤, 예수는 제자들에게 말한다.

"내가 진실로 너희에게 말한다. 부자가 하나님의 나라에 들어가는 것이 어렵다. 다시 말한다. 낙타가 바늘귀로 들어가는 것이 부자가 하나님의 나라에 들어가는 것보다 쉽다."

— 마태복음 19:23-24

낙타가 바늘귀를 통과하는 것. 가장 큰 짐승이 가장 작은 구멍을 통과하는 것. 불가능하다. 가진 것이 많은 사람이 그것을 내려놓는 것도 그만큼 불가능하다. 내려놓지 못하면 맘몬의 노예다. 하지만 예수는 여기서 멈추지 않는다. 한 가지를 더 말한다.

"사람으로는 불가능하나 하나님으로는 다 가능하다."

— 마태복음 19:26

종교적으로 읽으면 "신의 은혜로 가능하다"가 된다. 하지만 구조적으로 읽으면 이렇다. 인간의 의지만으로는 맘몬에서 벗어날 수 없다. 자기 자신보다 큰 무언가가 있어야 맘몬의 중력에서 벗어날 수 있다. 예수에게 그것은 신이었다. 당신에게는 무엇인가.

성전을 뒤엎다

....

예수가 예루살렘 성전에 들어간다. 성전 뜰에서 장사꾼들이 제물용 비둘기와 양을 팔고, 환전상들이 돈을 바꾸고 있다. 예수는 노끈으로 채찍을 만들어 그들을 내쫓고, 환전상의 상을 뒤엎는다.

"내 아버지의 집을 장사하는 집으로 만들지 마라."

— 요한복음 2:16

복음서에서 예수가 물리적 폭력에 가까운 행동을 보이는 유일한 장면이다. 성전은 신을 만나는 곳이다. 그 공간이 거래의 장소가 되었다. 신성한 공간이 맘몬의 영역이 된 것이다. 이것을 현대로 가져오면 어떤 모습인가? 교육은 배움의 공간이다. 하지만 학교는 "졸업

후 연봉"으로 평가된다. 가정은 사랑의 공간이다. 하지만 "이 사람과 결혼하면 경제적으로 어떤가?" "아이를 낳으면 비용이 얼마인가?" 건강은 생명의 영역이다. 하지만 병원비를 걱정하느라 병원에 가지 못한다. 예수가 성전에서 상을 뒤엎은 것은, 맘몬이 침범하면 안 되는 영역이 있다는 선언이다. 모든 것이 돈으로 환산되는 세계에서, "여기만큼은 아니다"라고 말하는 것이다. 당신의 삶에서 맘몬이 침범하면 안 되는 성전은 어디인가?

예수는 누구인가

....

나사렛 예수. 기원전 4년경 팔레스타인의 작은 마을에서 태어났다. 목수의 아들이었다. 30세경 공적 활동을 시작해 약 3년간 가르치고, 병을 고치고, 가난한 자들과 함께했다. 33세경 십자가에 처형되었다. 예수 자신은 가난했다. "여우도 굴이 있고 공중의 새도 깃들 곳이 있으나 인자는 머리 둘 곳이 없다(마태복음 8:20)." 집이 없었다. 정기적 수입이 없었다. 소유가 거의 없었다. 예수는 맘몬의 바깥에서 말하고 있는 사람이다. 예수의 가르침 중 돈에 대한 언급의 비중은 놀라울 정도로 크다. 예수의 비유 중 약 3분의 1이 돈, 재산, 소유에 관한 것이다. 달란트의 비유, 불의한 청지기의 비유, 어리석은 부자의 비유, 포도원 품꾼의 비유. 예수는 돈 이야기를 끊임없이 했다. 돈이 인간을 지배하는 가장 강력한 힘이라는 것을 알았기 때문이다.

비판과 한계

....

예수의 이분법은 극단적이다. "하나님과 맘몬을 함께 섬길 수 없다." 현실에서 대부분의 사람은 둘 사이 어딘가에서 살아간다. 돈도 필요하고 의미도 필요하다. 하지만 예수의 가르침에는 '셈하라 count the cost'는 표현이 나온다(누가복음 14:28). 예수 자신도 현실의 비용을 무시하지 않았다. 예수가 요구하는 것은 전 재산의 포기가 아니라 주인의 교체다. 돈을 쓰되, 돈이 주인이 되지 않게 하라. 예수는 가난했으므로 부의 현실을 몰랐을 수 있다. 매달 대출 이자를 갚고, 아이 학원비를 대고, 노후를 걱정하는 사람에게 "걱정하지 마라"는 말은 공허하게 들릴 수 있다.

하지만 예수의 요지는 "걱정을 안 해도 된다"가 아니다. "걱정이 당신을 지배하게 두지 마라"다. 이 구분은 연봉과 무관하게 유효하다. 그리고 2,000년간 예수의 가르침을 따른다고 한 교회가 역사상 가장 부유한 기관 중 하나가 되었다. 바티칸의 재산, 중세 교회의 면죄부 판매, 현대의 번영신학 prosperity gospel. 예수가 상을 뒤엎은 바로 그 행위를 교회가 반복하고 있다. 이 모순은 예수의 실패가 아니라 맘몬의 힘을 증명한다. 맘몬의 경고자의 유산마저 맘몬이 삼켜버렸다. 예수가 경고한 것이 그만큼 강력하다는 뜻이다.

당신의 주인은 누구인가, 다시

·········

다시 처음으로. 월요일 아침. 알람이 울린다. 눈을 뜬다. 무슨 생각이 드는가? 그 생각이 당신의 주인을 알려준다. 당신은 돈을 쓰고 있는가, 돈에 쓰이고 있는가? 2,000년 전, 가진 것 없는 목수의 아들이 말했다. 두 주인을 섬길 수 없다. 그 선택은 아직 당신 앞에 놓여 있다.

예수 더 읽기

- **마태복음 5~7장(산상수훈)** 예수의 가장 유명한 연설, 돈에 대한 가르침의 원전　　난이도 ★★☆☆☆
- **마가복음 10장(부자 청년)** 가장 극적인 장면, 소유와 예속의 관계　　난이도 ★☆☆☆☆
- **누가복음 12:13-34 (어리석은 부자)** 더 큰 창고를 짓는 남자의 이야기　　난이도 ★☆☆☆☆
- **누가복음 16:1-13 (불의한 청지기)** 돈을 다루는 지혜에 대한 가장 복잡한 비유　　난이도 ★★★☆☆

Jesus
Christus

프랭클린에게 훔친 한 문장

1748년, 벤저민 프랭클린이 젊은 상인에게 편지를 쓴다. 그 이름은 「젊은 상인에게 보내는 편지」였다. 이 편지의 첫 문장은 이렇게 시작한다.

"시간은 돈이라는 것을 기억하라Remember that Time is Money. 하루에 10실링을 벌 수 있는 사람이 반나절을 놀거나 빈둥거리면, 비록 그 시간에 6펜스밖에 쓰지 않았더라도, 그것만 지출한 것으로 쳐서는 안 된다. 실제로는 5실링을 더 쓴 것이다. 아니, 버린 것이다."

시간은 돈이다. Time is Money. 자본주의의 기본 공식이다. 너무 유명해서 아무도 의심하지 않는다. 이 책 전체는 이 한 문장을 의심하는 과정이었다. 짐멜이 보았다. 돈이 자유를 약속하지만 새로운 감옥이 된다. 에피쿠로스가 물었다. 얼마면 충분한가? 세네카가 경고했다. 돈보다 시간에 인색하라. 소로가 계산했다. 1년에 6주만 일하면 산다. 아렌트가 진단했다. 먹고사는 것이 인간의 전부가 되었다. 파스칼이 물었다. 왜 멈추지 못하는가? 톨스토이가 보여줬다. 멈추지 못한 사람이 어떻게 죽는지. 예수가 말했다. 너는 누구를 섬기고 있는가? 이 모든 질문이 프랭클린의 한 문장을 향하고 있었다. "시간은 돈이다."

이 책의 대답은 이것이다. 아니다. 거꾸로다. 돈은 시간이다. 어떤 것의 진짜 비용은 그것과 교환하기 위해 요구되는 삶의 양이다. 그 가방의 가격은 30만 원이 아니다. 30만 원을 벌기 위해 바친 시간이다. 시급 1만 5천 원이면 20시간. 이틀 반의 노동. 이틀 반의 삶. 돈을 벌기 위해 시간을 판다. 번 돈으로 시간을 절약하는 물건을 산다. 절약한 시간으로 다시 돈을 번다. 달리고, 달리고, 결국 쓰러진다.

시간은 당신의 삶이다. 그리고 삶은 돈보다 비싸다. 프랭클린에게 훔친 한 문장을 뒤집어 돌려준다. 시간은 돈이 아니다. 돈이 시간이다. 당신의 시간은 지금도 흐르고 있다.

세계석학선집

훔친부편

ⓒ 이클립스

초판 1쇄 인쇄 2026년 3월 3일

지은이 이클립스
기　획 조영훈
편　집 조영훈
디자인 김지혜
마케팅 정호윤, 김민지, 송유경, 김은주, 최서환
펴낸곳 모티브
이메일 motive@billionairecorp.com

ISBN 979-11-24370-12-4 (03160)